LES PETITS CLASSIQUES

THÉATRE CHOISI

DE

J. DE ROTROU

AVEC UNE ÉTUDE

PAR

LOUIS DE RONCHAUD

Portrait gravé à l'eau-forte par Lalauze

TOME PREMIER

PARIS

THÉATRE CHOISI

DE

J. DE ROTROU

TIRAGE A PETIT NOMBRE

Il a été fait un tirage spécial de :

30 exemplaires sur papier de Chine (n°s 1 à 30).
30 — sur papier Whatman (n°s 31 à 60).
60 exemplaires, numérotés.

J. DE ROTROU.

THÉATRE CHOISI

DE

J. DE ROTROU

AVEC UNE ÉTUDE

PAR

LOUIS DE RONCHAUD

Portrait gravé à l'eau-forte par Lalauze

TOME PREMIER

PARIS

LIBRAIRIE DES BIBLIOPHILES

Rue Saint-Honoré, 338

—

M DCCC LXXXII

NOTE DE L'ÉDITEUR

LA présente édition du *Théâtre choisi de Rotrou*, en tête de laquelle nous avons eu la bonne fortune de pouvoir placer une remarquable étude de M. Louis de Ronchaud, comprend, avec les deux pièces qui sont restées, ou presque restées, au théâtre, celles qui nous ont paru les plus remarquables et les plus propres à donner une idée exacte et complète du génie de celui qu'on a appelé à juste titre le père de la tragédie.

Nous avons suivi, pour notre réimpression, le texte des éditions originales, publiées toutes, dans le format in-4", chez Toussaint Quinet ou Antoine de Sommaville. Voici, d'ailleurs, avec leur date de publication, les six pièces, sur trente-six, dont nous avons composé notre choix :

Hercule mourant, 1636. — *Antigone*, 1639. — *Le Véritable saint Genest*, 1648. — *Don Bernard de Cabrère*, 1648. — *Venceslas*, 1648. — *Cosroès*, 1649.

Il y a telles de ces pièces qui ont été imprimées concurremment en format in-4" et en format in-12. Nous n'en saurions dire exactement le nombre ; mais nous pouvons citer entre autres *Antigone*, qui a paru sous la date de 1639 dans les deux formats, avec un achevé d'imprimer qui est, pour les deux éditions, du 8 juin 1639.

Ces pièces originales sont des plus difficiles à trouver. Il s'en faut que la Bibliothèque Nationale les ait au complet, car elle n'en possède que vingt-sept, et parmi celles qui lui manquent figurent deux des pièces que nous publions, *Hercule mourant* et *Antigone*. Nous avons été assez heureux pour pouvoir nous procurer toutes celles qui nous étaient nécessaires, et nous en devons la communication à un bibliophile aussi aimable que libéral, M. de La Tour, qui était en même temps un écrivain de mérite, et que naguère la mort a ravi beaucoup trop tôt à de nombreux amis.

Malheureusement, ces éditions des pièces de Rotrou sont assez fautives, et l'auteur, mort à l'âge de quarante et un ans, n'a pas vécu assez longtemps pour réunir ses œuvres dans une édition complète où il aurait pu corriger les fautes d'une première impression. Fidèle à notre système de grand respect pour les textes originaux, nous n'y avons apporté de changements qu'avec la plus grande réserve, et seulement lorsque les fautes nous ont paru d'une incontestable évidence. Nous nous sommes montré moins audacieux, dans la voie des corrections, que Viollet Le Duc, qui a donné en 1820-22 la première et la seule édition complète qu'on ait faite du Théâtre de Rotrou.

On a quelque droit de s'étonner que les œuvres d'un poète dont le nom a résisté à l'épreuve de plus de deux siècles n'aient pas été plus souvent réimprimées. C'est là un des effets du goût public, contre lesquels rien ne peut prévaloir : car il n'y a pas à s'y méprendre, c'est le public qui est le véritable éditeur de tout ce qui s'imprime et se réimprime, et c'est en vue de lui plaire que paraissent la plupart des ouvrages. Bien que Rotrou soit absolument le contemporain de Corneille, né trois ans avant lui, et qui pourtant l'appelait son père, il paraît bien, à le juger par la lecture de ses œuvres, antérieur d'un demi-siècle à l'auteur du *Cid*. En rendant un sincère hommage à son confrère en tragédie, Corneille s'est presque trouvé avoir dit une malice. Rotrou n'a pas eu cette vigueur de génie par laquelle Corneille s'est arraché si vite à l'influence du mauvais goût de son temps et s'est créé une si éclatante personnalité ; il est toujours resté dans les liens de situations embarrassées et d'un style lourd et prétentieux qui ont eu peine à trouver grâce devant la postérité. C'est pourquoi, en voulant contribuer personnellement à le préserver d'un injuste abandon, nous n'avons pas cru devoir donner une nouvelle édition complète de ses œuvres. Celle de Viollet Le Duc n'est pas, d'ailleurs, devenue rare, et l'on peut se procurer encore pour un prix très raisonnable les cinq volumes in-8º dont elle se compose.

Mais, si nous n'avons pas, tant s'en faut, donné autant que Viollet Le Duc, nous avons voulu que ce que nous donnions fût plus complet, et nous avons reproduit, en tête des pièces, les dédicaces qui les précèdent dans les éditions originales, lesquelles offrent un véritable intérêt aux bibliophiles et aux lettrés.

D. J.

ROTROU

ESQUISSE BIOGRAPHIQUE ET CRITIQUE

Le nom de Rotrou est plus connu que ses œuvres. Des nombreuses pièces[1], tragédies et comédies, qu'il a composées, Venceslas seul est resté au répertoire. On lit encore Saint Genest et Cosroès et une ou deux comédies, telles que Don Lope de Cardone et Don Bernard de Cabrère. Le reste n'est connu que de ceux qui ont étudié notre littérature dramatique. Quant à la vie de l'auteur, ce qu'on en sait se réduit à quelques dates et à deux ou trois anecdotes plus ou moins authentiques : sa passion pour le jeu, sa liaison avec le grand Corneille, et surtout sa mort héroïque, sont les traits les plus saillants de son histoire.

Cependant Rotrou fut un poète de génie et l'un des

---

1. L'édition de Viollet-Le-Duc en comprend 35 ; d'autres n'ont pas été recueillies.

fondateurs de notre théâtre national. C'est de plus une figure originale et sympathique. Un intérêt romanesque s'attache à sa vie qui, d'abord dissipée et aventureuse, puis rangée et laborieuse, s'achève à quarante ans par le martyre du devoir. Un charme du même genre distingue sa personne, telle que la représentent les traits fins et nobles, la fière et souple élégance du beau buste de Caffieri. On retrouve dans le portrait du poète la même poésie que dans ses œuvres et dans sa vie.

Il a semblé opportun — en attendant une édition complète et critique des œuvres de Rotrou — de réunir les pièces les plus célèbres de ce poète trop négligé de nos jours. Sans rien exagérer et sans vouloir faire de Rotrou un grand maître de la scène, on doit reconnaître en lui le disciple le plus brillant de cette école dramatique espagnole dont l'influence fut grande sur les débuts de notre théâtre et sur le génie même de Corneille. Les défauts trop visibles de sa manière sont compensés par des qualités de premier ordre. Les fortes beautés de COSROÈS, la grâce familière mêlée à l'éloquence religieuse dans SAINT GENEST, la solennité romantique des derniers actes de VENCESLAS, laissent une impression qui ne s'efface pas. Et dans le style, parfois précieux et ampoulé, on trouve souvent aussi des traits brillants, même de grands traits. Une inspiration généreuse anime et colore cette poésie, et lui donne un attrait particulier en dépit des faiblesses, des obscurités et des redondances.

I

Jean de Rotrou, fils de Jean de Rotrou et d'Élisabeth Lefacheux [1], *naquit à Dreux le 21 août 1609. Il était Normand comme Corneille et plus jeune que lui de trois ans. Cependant il le précéda dans la carrière dramatique, et l'on sait que Corneille l'appelait son père. Il mourut aussi longtemps avant lui. Son génie avait été plus précoce que celui de Corneille, mais il était loin d'avoir la même vigueur; et quand bien même Rotrou eût vécu jusqu'à quatre-vingts ans comme Corneille, au lieu de disparaître en pleine maturité de talent et en plein éclat de renommée, on peut douter que ce génie, fécond de bonne heure et un peu alangui par sa facilité même, eût jamais eu les retours généreux par lesquels a signalé sa vieillesse l'auteur de* Nicomède *et de* Sertorius. *Au moins la fin héroïque de Rotrou vaut-elle la plus belle tragédie!*

La famille de Rotrou, qui aujourd'hui encore a des représentants en Normandie [2], *était ancienne et considérée*

---

1. C'est ainsi que Jal (*Dictionnaire critique*) écrit le nom de la mère de Rotrou. Didot l'appelle Le Factieu dans la *Nouvelle Biographie générale*.

2. La descendance mâle de Rotrou est éteinte. La famille est aujourd'hui représentée par Mlle Léontine Lelièvre-Rotrou, petite-fille de M. de Rotrou, ancien maire de Dreux. Mlle Lelièvre-Rotrou vit modestement à Dreux du produit de ses leçons de piano et d'une pension que lui fait le ministère des beaux-arts. Voir, pour d'autres détails sur la famille de Rotrou, le *Dictionnaire critique* de Jal.

dans sa province. L'un de ses ancêtres, Pierre de Rotrou, exerçait, en 1561, les fonctions de lieutenant général du bailliage de Dreux, comme le constate une inscription tracée sur la cloche du beffroi. Lui-même, notre poète, a rempli dans son pays natal les charges de lieutenant civil et d'assesseur criminel. L'un de ses frères, qui portait le prénom de Pierre, fut commissaire des guerres aux armées d'Allemagne pendant une partie de la guerre de Trente ans. Cette famille des Rotrou paraît, d'ailleurs, avoir eu plus d'honneurs que de fortune.

Si l'on en croit les biographes de Rotrou, sa vocation poétique se serait éveillée de bonne heure, et c'est à quinze ans, en lisant Sophocle, que son génie lui aurait été révélé. Cependant on ne voit chez lui, du moins à cette époque, aucune trace de l'influence grecque, et rien ne ressemble moins aux créations dramatiques de Sophocle que les aventures et les complications de ses fables romanesques. Même dans les sujets tirés de l'antiquité, quand il lui arriva plus tard d'en traiter, l'influence qui se fait sentir en lui n'est guère celle de la muse attique. Quand il n'imite pas les maîtres du théâtre espagnol, c'est Sénèque qui l'inspire plutôt que Sophocle ou Euripide; Sénèque, un Espagnol d'origine, qui porte, avec Lucain, son parent, le génie espagnol dans la littérature latine [1]. Rotrou avait avec les Espagnols, anciens et modernes, des

---

1. Corneille, qui, selon sa propre expression, *trafiquait* aussi en Espagne, appelle Sénèque et Lucain *deux Espagnols* et déclare son commerce avec eux pour *Médée* et pour *Pompée*. (Epître dédicatoire du *Menteur*.)

affinités qui le préparaient à devenir leur disciple. Il était aussi de son temps et partageait le goût de ses contemporains pour les drames cavaliers et la galanterie héroïque.

On a attribué ce goût de la littérature espagnole qui régnait en France dans la première moitié du XVIIe siècle au mariage de Louis XIII avec une princesse d'Espagne. C'est l'opinion de Viollet-Le-Duc, à qui l'on doit la seule édition complète des œuvres de Rotrou[1]. *Selon lui, c'est à ce mariage qu'est due l'influence exercée par le drame espagnol sur notre scène française à ses débuts, et en particulier sur les pièces de Hardy et de Mairet, sans parler de Corneille. Viollet-Le-Duc oubliait que la plupart des pièces de Hardy sont antérieures à la venue en France d'Anne d'Autriche ; et pour Mairet, il oubliait que ce poète franc-comtois était né sujet de l'Espagne, et qu'en venant résider à la cour de France il avait pu y apporter lui-même l'influence qu'on veut qu'il y soit venu chercher. Corneille, il est vrai, reçut, dit-on, d'un courtisan retiré à Rouen, M. de Chalon, le sujet du* CID, *tiré d'un drame de Guilhem de Castro ; mais, à l'époque où parut sur la scène ce premier de ses chefs-d'œuvre, la littérature française avait déjà reçu depuis longtemps l'influence espagnole, et lui-même s'en est montré trop imprégné dans ses conceptions héroïques pour qu'on puisse en attribuer l'effet sur lui au simple hasard d'une rencontre*[2].

---

1. Œuvres de Jean Rotrou, 5 vol. in-8, Desoer, 1820.
2. Corneille continua de *trafiquer* avec l'Espagne, même après les grands succès de ses tragédies romaines. Le sujet du

La vérité, c'est que l'action de l'Espagne sur la France s'est exercée, au XVIe siècle, par trois côtés : par les provinces du Midi voisines des Pyrénées, par la Franche-Comté et par les Pays-Bas ; elle nous enveloppait en quelque sorte. La connaissance de la langue espagnole était commune chez nous, et on y traduisait les œuvres célèbres de la littérature qui florissait au delà des Pyrénées. La Célestine, l'Amadis, les romans de chevalerie et de nombreux ouvrages de tout genre étaient traduits chez nous dès le XVIe siècle. Le Don Quichotte fut traduit presque dès son apparition[1]. Je pourrais multiplier les exemples de ces relations littéraires entre les deux pays, il suffit d'en avoir montré l'ancienneté. L'admiration qu'excitèrent, à la fin du XVIe siècle et au commencement du XVIIe, les chefs-d'œuvre des Lope de Vega, des Calderon et de leur école, suffit, après cela, de reste à expliquer leur influence sur les origines de notre théâtre. Il n'est pas besoin de la faire arriver avec le trousseau d'une jeune reine dont le froid mariage n'eut alors que bien peu d'action sur la Cour et en eut moins encore sur le pays.

Venu jeune à Paris, Rotrou débuta sur la scène, à dix-sept ans, par une tragi-comédie intitulée : L'Hypocondriaque ou le Mort amoureux ; œuvre faible, intrigue confuse, intérêt nul. Pourtant ce début annonçait

---

Menteur (1642) est pris de la Sospechosa Verdad du fameux Lope de Vega.

[1]. La première partie est traduite par Oudet en 1616, la deuxième par de Rosset, en 1618.

un poète. Les vers sont faciles, harmonieux, et, comme l'a remarqué Viollet-Le-Duc, on y trouve des éclairs d'un style franc et naturel qui font contraste avec les concetti dont Rotrou, à l'exemple des poètes ses contemporains, émaillait ses pièces pour provoquer les applaudissements.

A L'HYPOCONDRIAQUE succéda, en 1628, LA BAGUE DE L'OUBLI, dont le sujet est emprunté à Lope de Vega, et qui paraît avoir eu un grand succès. La pièce est amusante même à la lecture et devait l'être davantage à la représentation. Une courte analyse fera connaître ce que valait alors le génie de Rotrou appuyé sur celui de Lope de Vega.

Un roi de Sicile du nom d'Alphonse prétend marier sa sœur Léonor au fils du roi de Naples ; mais cette princesse est éprise de Léandre, officier de fortune. Tous deux complotent de s'emparer du pouvoir, non par la mort du roi, mais en le privant de la raison au moyen d'une bague enchantée. C'est cette bague qui noue et dénoue l'intrigue et qui en produit toutes les péripéties. Selon que le roi la porte ou ne la porte pas à son doigt, il perd ou recouvre la raison. Dans sa folie, il méconnaît sa maîtresse, fait emprisonner et condamner à mort ses plus fidèles sujets, enfin s'abandonne à toutes sortes d'extravagances, tandis que, de leur côté, Léonor et Léandre, devenu son mari et vice-roi du royaume, abusent de leur autorité pour tout changer dans l'État et détruire ce qui les gêne. Enfin la fourberie se découvre par le moyen d'un bouffon qui, après avoir volé la bague, en reconnaît les vertus et révèle tout au roi. Le dénoûment

est original et d'un caractère bien espagnol. Le roi feint
d'être en proie à un nouvel accès. Il fait asseoir Léandre
sur son trône, et, sous prétexte de lui donner une cause
à juger, debout devant lui et le chapeau à la main, en
présence de la cour, il lui raconte à lui-même sa propre
histoire :

> Sire, le cas est tel : un vassal infidèle
> Aime la sœur d'un prince et se fait aimer d'elle ;
> Ce prince, qui ne craint ni prévoit ce danger,
> La promet à l'amour d'un monarque étranger ;
> Elle y semble portée, et toutefois en l'âme
> Elle garde toujours cette première flamme.
> Enfin elle conspire avecque son amant
> D'ôter le sceptre au roi par un enchantement.
> Ils cherchent un secret : là dessus on déploie
> Tout ce que la magie en ses crimes emploie.
> Ils trouvent celui-ci propre à leur trahison ;
> Par un anneau charmé le roi perd la raison.
> Le voyant en ce point, toutes craintes bannies,
> Ils ont à son déçu leurs deux moitiés unies,
> Disposé de l'État, changé les généraux,
> Enfin des biens d'un autre ont fait les libéraux.
> A voir ce changement tout le peuple soupire :
> Qu'ordonne là-dessus Votre Majesté, Sire ?

Léandre se voit découvert, mais il n'est pas décon-
certé ; il répond au roi par l'histoire du roi lui-même,
de sa passion pour Liliane et des injustices qu'elle lui a
fait commettre :

> Devant que de vider cette première cause,
> Sire, daignez ouïr celle que je propose.
> Un monarque, amoureux d'une jeune beauté,
> Dresse des rets honteux à sa pudicité,
> Et, par les doux appas d'une fausse promesse,
> Attire à son amour les vœux de sa maîtresse.

> Son père, plus prudent, qui la voit s'engager,
> La destine à l'amour d'un seigneur étranger.
> Le roi par elle-même apprend cette nouvelle,
> Et fait saisir le père et l'amant de la belle.
> Pour éteindre à souhait ses lascives amours,
> Il met ces deux seigneurs en danger de leurs jours,
> Et devant ses états les déclare coupables
> D'un crime supposé dont ils sont incapables.
> Sire, vous dépouillant de toute passion,
> Qu'auriez-vous estimé de semblable action ?

La conclusion est que l'amour est le seul auteur de tous ces crimes, que ses accès aveugles ont causé les deux procès et qu'il faut pardonner les fautes que sa violence fait commettre. C'est pourquoi le roi épouse Liliane et fait grâce à Léandre et à Léonor. La pièce finit par un hymne à l'Amour :

> Cher démon des plaisirs, sors du sein de ta mère ;
> N'habite plus, Amour, ni Paphe ni Cythère,
> Rends nos cœurs fortunés entre tous les humains,
> Epanche sur nos lits les fleurs à pleines mains !

Cette seconde pièce de Rotrou me semble assez propre à donner une idée du genre qu'il voulait acclimater sur notre théâtre. Ce genre, c'est la comédie d'imagination telle que l'ont connue, avec la différence du génie du Nord et de celui du Midi, l'Espagne et l'Angleterre : comédie d'intrigue héroïque et galante dans Lope de Vega et Calderon; comédie de fantaisie poétique et de jeux d'esprit dans Shakespeare. Cette comédie, qui est à celle de Plaute et de Térence ce que le Roland furieux *est à l'*Énéide, *s'inquiète moins de peindre des mœurs et des* caractères, que d'amuser l'esprit en le promenant à travers des complications ingénieuses où se mêlent les jeux du hasard à ceux de l'amour et les saillies de l'humeur aux rêveries du sentiment; elle noue, dénoue, embrouille et démêle les fils légers et multiples de ses capricieuses intrigues. Les maîtres espagnols lui font courir les aventures, masquée et déguisée, entre des épées toujours prêtes à sortir du fourreau; le grand magicien Prospero la transporte d'un coup de sa baguette puissante et la fait errer dans les dédales aériens de la féerie. Romanesque avec Lope et Calderon, elle est romantique avec Shakespeare. Cette comédie n'a fait que passer sur notre scène. Le vieil esprit gaulois, égaré sentimentalement à la suite des Amadis, n'avait oublié ni Pantagruel ni l'avocat Patelin. Molière le ramena dans sa voie. La comédie d'imagination dut céder la place à une autre comédie, à cette comédie vraiment nationale et tout à la fois universelle, si pleine de saine raison et de franche gaieté, dont la jeunesse éternelle sera l'éternel honneur du théâtre français.

L'imitation de Lope de Vega avait porté bonheur à Rotrou; il fut moins heureux dans ses œuvres suivantes : CLÉAGÉNOR ET DORISTÉE (1630), la DIANE (même année), LES OCCASIONS PERDUES (1631), sont des pièces compliquées et bizarres, qui ont pu avoir du succès à la représentation, mais dont la lecture est ennuyeuse et fade. Au contraire, on peut lire avec plaisir L'HEUREUSE CONSTANCE. L'intrigue, ingénieuse, intéresse malgré les invraisemblances, et surtout le style est remarquable. Rotrou faisait sa langue; il la rendait de plus en plus *pure et correcte, tout en la conservant souple et expressive. Dans ses drames romanesques, la recherche de la forme répond à la fantaisie du fond ; il faut prendre son parti de cette double convention, si l'on veut goûter ces productions d'un autre temps. Il s'agit cette fois d'un roi de Hongrie qui doit épouser une reine de Dalmatie et qui rompt son engagement parce qu'il est devenu subitement amoureux d'une dame du nom de Rosélie. Sans même avoir vu la reine, sa future épouse, il fait reconduire dans ses États la belle Arthémise, qui brûle naturellement de se venger d'un procédé aussi offensant. Pour y arriver, elle commence par chercher un autre mari. Mais les deux hommes à qui elle s'adresse sont épris tous deux de Rosélie, et ni l'un ni l'autre ne se laissent toucher par l'éclat d'une alliance royale. De son côté, Rosélie, autre miracle de constance, reste fidèle à Alcandre, frère du roi, et refuse la couronne que celui-ci lui fait porter dans un bassin d'argent. Après un certain nombre de travestissements et de péripéties plus ou moins romanesques, la reine Arthémise vient en Hongrie, déguisée en pèlerine, afin de voir de ses yeux cette beauté merveilleuse qui l'emporte ainsi sur elle et ravit tous les cœurs. Introduite auprès de Rosélie, elle lui dit :*

> Madame, cette voix qui court par tout le monde,
> Qui porte les beaux noms sur la terre et sur l'onde,
> Qui fait en un moment tant de chemins divers,
> Ne parle que de vous en tout cet univers.
> Elle ne vante plus la gloire des provinces ;
> Elle a perdu le soin d'éterniser les princes ;
> Les plus rares exploits se perdent sans renom ;
> Les plus savans esprits sont sans bruit et sans nom ;

> Les plus belles vertus s'exercent sans mémoire :
> Elle donne des soins à votre seule gloire,
> Et jusqu'en nos pays fait passer vos attraits
> Pour le plus grand effort que le Ciel fit jamais.

Ces hyperboles madrigalesques nous semblent peu naturelles ; mais la situation ne l'est pas davantage. Rotrou travaillait au goût de son temps comme nos poètes contemporains travaillent au goût du nôtre. Ce qu'on applaudissait le plus alors est aujourd'hui ce qui nous plaît le moins, ce qui nous paraît fade ou baroque. Qui sait si la mode d'aujourd'hui ne passera pas à son tour ? qui peut dire ce qui restera, dans deux ou trois cents ans, de nos grands dramaturges, quand la chute de ce qu'ils ont de passager et de caduc aura réduit leur œuvre à sa partie immortelle ? Heureux ceux dont il restera alors ce qui reste aujourd'hui de Rotrou, un beau nom et deux ou trois beaux ouvrages !

Bien entendu, la reine est reconnue, elle épouse le roi qui s'éprend d'elle aussi subitement qu'il s'était épris de Rosélie. Rosélie épouse Alcandre, et tous deux sont récompensés de leur constance à toute épreuve. C'est ainsi que finissent les bons contes. Tout le monde est content, et le lecteur aussi.

Signalons dans cette pièce une allusion au roman de Cervantès. Le bouffon de la pièce dit en parlant d'un des amoureux de Rosélie :

> Le plaisant Don Quichotte avec sa Dulcinée !

Rotrou avait lu DON QUICHOTTE, et il s'en souvenait à l'occasion. Il avait aussi lu le SATYRICON, si l'on s'en rapporte au témoignage de Pâris qui dit au roi de Hongrie en parlant de la reine Arthémise :

> La reine dans Pétronne (sic) exerce ses désirs
> Pour rendre votre espoir moindre que vos plaisirs.

Néanmoins l'emploi singulier qu'assigne ici notre poète au SATYRICON, paru pour la première fois à Venise deux ans auparavant, dans l'éducation des jeunes fiancées, ne prouve pas absolument qu'il ait connu ce livre peu édifiant autrement que par la renommée.

II

Ce qui est certain, c'est qu'il ne se contentait pas de lire et d'imiter les poètes espagnols, mais qu'il étudiait aussi les latins, sinon les grecs. La preuve en est dans son imitation des MÉNECHMES de Plaute qui parut en 1632. Il ne faut comparer cette comédie ni à la COMEDY OF ERRORS de Shakespeare, ni aux MÉNECHMES de Regnard, qui, l'une et l'autre, sont des produits d'une veine originale se déployant en liberté sur un thème donné. L'œuvre de Rotrou n'est guère qu'une étude ; il y suit pas à pas son modèle, et c'est à peine s'il ose s'en écarter dans quelques détails. La principale différence entre la pièce de Plaute et celle de son imitateur français est dans le caractère d'Erotie ; la galanterie française a passé par là ; puis il fallait bien finir la comédie par un mariage, ce qui obligeait l'auteur à faire d'Erotie une femme à peu près honnête, au lieu de la courtisane qui figure dans la pièce latine. A part ce sacrifice au goût de son temps, Rotrou est entré de son mieux dans la peau de Plaute, et ce n'est pas sa faute s'il n'en a pas mieux attrapé la verve comique. Il en reste loin, il faut le dire. Ce n'est pas que le ton de la pièce ne soit excellent, que le style n'y soit d'une allure souple et franche, et qu'il ne fasse par endroits souvenir de Régnier et pressentir Molière; mais il y manque la vraie gaieté qui n'éclate et ne s'épanouit que dans l'œuvre spontanée et libre. Voici, du reste, deux échantillons. Un parasite dit au premier acte :

> Les présens aujourd'hui sont partout adorés ;
> L'amour ne fait plus rien qu'avec des traits dorés,
> Et, de quelque beauté que la vertu se vante,
> L'or a bien plus d'effet sur le cœur d'une amante.
> Tout cède à son pouvoir : ce métal souverain
> A brisé les verrous de cent portes d'airain,
> Et le soleil jadis, pour gagner ses maîtresses,
> Leur montroit seulement l'or de ses blondes tresses.
> Les dons feront pour vous bien plus que je ne fais ;
> Ils sont plus éloquens que je ne fus jamais ;
> Et sur soi cette veuve a beaucoup de puissance,
> Si vous n'en obtenez une entière licence.

Ailleurs c'est la femme d'un des Ménechmes qui se plaint de ses infidélités :

> Que la loi de l'hymen est une loi sévère,
> Et qu'on est ennemi de son contentement,
> Lors qu'à sa tyrannie on prête le serment !
> Une femme promet d'endurer, de se taire,
> De renoncer à soi, de vivre solitaire,

Alors qu'elle promet de craindre son époux ;
Une nuit seulement est ce qu'elle a de doux.
Ses plaisirs sont finis aussitôt que la danse,
Et la seconde nuit son veuvage commence.
Depuis que son mari la tient en ses liens,
Il a bientôt repris ses chemins anciens ;
Il dédaigne bientôt sa grâce et son mérite
Pour revoir Amarante, ou Philis, ou Carite,
Et nous voyons bientôt notre bien consommé
Par l'impudique ardeur dont il est enflammé.

Aux MÉNECHMES *succède l'*HERCULE MOURANT. *Cette fois Sénèque a servi de modèle. Lui-même avait imité Sophocle ; mais Rotrou s'en tient au poète latin ; son génie avait plus de penchant vers l'hyperbole et la déclamation que vers une forme simple et pure comme celle qu'on admire dans* LES TRACHINIENNES. *L'exagération des sentiments est telle dans l'*HERCULE MOURANT *qu'ils n'ont presque plus rien de naturel. Hercule, qui pour obtenir les faveurs d'Iole, sa captive, tantôt la supplie à genoux de lui accorder son cœur en dépit du meurtre de sa famille, tantôt la menace, si elle continue de lui résister, de mettre à mort Arcas qu'elle aime, Hercule est un héros étrange et un non moins étrange amant. On peut admettre à la rigueur qu'il demande à la jeune fille de travailler à sa tapisserie ; celui qui filait aux pieds d'une reine pouvait bien prendre l'aiguille des mains d'une belle esclave ; mais on sourit de le voir lui dire en parlant de son père qu'il a tué pour lui avoir refusé sa fille :*

Parce que j'aimois trop, je fus *un peu cruel,*

et cette excuse à la fois brutale et doucereuse ne semble

guère propre à désarmer la colère de celle qu'il brûle de fléchir. En revanche il y a de la noblesse et de la poésie dans le monologue par lequel s'ouvre la pièce, et le fils de Jupiter y parle de ses exploits en termes dont l'exagération n'ôte pas la grandeur.

Quant à Déjanire, la jalousie violente qui la fait courir, hors d'elle-même, à travers le palais n'est pas moins ridicule que la gauche et fade galanterie de son mari. Elle-même se qualifie d'enragée, et le mot n'est pas trop fort. Cependant sa fureur a parfois des accents de vérité et de passion. Dans la scène du second acte entre elle et Iole, quand celle-ci vient la prier humblement de l'aider à se délivrer des sollicitations d'Hercule, Déjanire trouve étrange que cette mijaurée prétende se dérober à l'honneur que le héros veut lui faire, et l'ironie dont elle l'accueille ne manque pas de beauté dans sa verdeur tragi-comique. Le monologue suivant d'Iole :

> O ciel ! ô terre ! ô dieux ! Quelle est mon infortune,
> Que je serve d'objet à leur plainte commune !
> Je déplais pour trop plaire, et contre mon souhait,
> Je vois que l'un m'adore et que l'autre me hait ;
> Leur haine et leur amour également m'outrage, etc.

Ce monologue est un modèle de ce genre antithétique où les hémistiches s'opposent l'un à l'autre dans chaque vers et semblent battre le briquet l'un sur l'autre en produisant des étincelles. C'est un genre espagnol imité aussi par Corneille.

Passons sur les amours d'Arcas et d'Iole qui ne nous intéressent guère. Au troisième acte la prière d'Hercule dans le temple est vraiment belle[1]. L'*Hercule* galant et un peu cruel des premiers actes s'est changé en un pontife de l'ordre éternel qui prie pour la paix du monde. Ce qui donne à cet hymne religieux une solennité de plus, c'est son contraste immédiat avec les tourments que va endurer Hercule empoisonné par la tunique teinte du sang de Nessus et la rage qui va s'emparer de lui. Malheureusement la douleur fait perdre au héros toute dignité, et il mérite la remontrance que lui adresse Philoctète :

> Jusqu'au dernier soupir ce grand cœur doit paroître ;
> Soyez, soyez Hercule en finissant de l'être.

Égaré par la colère, non satisfait par la mort de Déjanire qui s'est tuée elle-même, il ordonne en mourant le supplice d'Arcas coupable de s'être fait aimer d'Iole ; et il faut, pour sauver le prisonnier défendu en vain par Philoctète, que le fils de Jupiter, purifié de ses passions par le feu du bûcher qui a dévoré son corps, descende en personne du ciel où il vient de s'élever. Hercule, devenu immortel, bénit au dénoûment l'union d'Arcas et d'Iole.

Rotrou fit paraître cette tragédie à vingt-trois ans. Il y avait alors trois ans que Mairet avait fait jouer sa

---

1. L'idée de cette prière est empruntée à l'*Hercules Œtæus*. Rotrou a mis en action ce que Sénèque avait mis en récit. Mais combien la prière qu'il met dans la bouche d'Hercule est supérieure par l'élévation du sentiment religieux aux paroles banales que le poète latin prête au fils de Jupiter !

SOPHONISBE, *cette première tragédie régulière.* L'HERCULE MOURANT *n'est pas une tragédie classique ; Rotrou ne se convertissait pas sur l'exemple de Mairet et, quoi qu'en ait dit Voltaire* [1], *ce ne fut point Mairet qui ouvrit à Rotrou la véritable carrière. Toujours en quête de poésie, mais peu soucieux des règles, Rotrou, pour l'exécution comme pour le choix de ses sujets, s'abandonnait aux caprices de son imagination et de son goût et prenait indifféremment, soit dans l'antiquité, soit dans les temps modernes, soit dans la fable, soit dans le roman, ceux qui lui plaisaient pour les accommoder à la mode de son temps et au tempérament de son génie.*

L'HERCULE MOURANT *est dédié au cardinal de Richelieu. Cette dédicace a la forme d'une ode dont quelques strophes rappellent la manière et le style de Malherbe, par exemple celle-ci :*

> Mais toi, grand démon de la France [2],
> Autre soleil de notre temps,
> Qui donnes d'un si beau printemps
> Une si parfaite espérance,
> Richelieu, rare effort des cieux,
> Juste étonnement de ces lieux,
> Si tu daignes prendre la peine
> De jeter un regard sur moi,
> Quel Apollon peut à ma veine
> Etre plus Apollon que toi ?

---

1. Commentaires sur Corneille.
2. Malherbe avait dit :

> Que pourroit enseigner aux princes
> Le grand démon qui les instruit ?....

Singulier protecteur des lettres que le fameux cardinal[1], *auteur de* Mirame *et fondateur de l'Académie française, admirateur de Colletet et persécuteur de Corneille! Il donna un jour à Colletet une grosse somme pour trois vers d'une poésie sur le bassin des Tuileries, déclarant que le roi n'était pas assez riche pour payer la pièce tout entière*[2]. *On connaît sa fureur contre* le Cid, *et comment il provoqua contre cette tragédie, premier chef-d'œuvre de notre scène, la critique de l'Académie qui fut rédigée par Chapelain. Avant cette époque, l'auteur du* Cid *avait fait partie du groupe des* cinq auteurs *chargés par Richelieu de la rédaction de ses pièces de théâtre; Richelieu fournissait les plans et quelquefois travaillait avec ses poètes. Les associés de cette entreprise dramatique sous la présidence du premier ministre étaient, avec Corneille et Rotrou, l'Etoile, Bois-Robert et Colletet. Le succès du* Cid *vint rompre l'accord des collaborateurs en même temps qu'il éclip-*

Comme lui, Rotrou emploie volontiers ce mot dans le sens grec de génie. Il dit quelque part :

Le démon *des guerriers n'est pas toujours égal.*

Ce mot, ainsi entendu, lui plaisait comme à Malherbe.
1. Expression de Corneille dans une épigramme bien connue.
2. Voici ces vers. On voyait dans le bassin :

La cane s'humecter de la bourbe de l'eau,
D'une voix enrouée et d'un battement d'aile
Animer le canard qui languit auprès d'elle.

(Histoire de l'Académie *par Pellisson et d'Olivet.*)

sait leurs talents de tout l'éclat du soleil levant de Corneille.

On a accusé Richelieu de jalousie. « Il est bien rare, dit à cette occasion Voltaire, qu'un homme puissant, quand il est lui-même artiste, protège sincèrement les bons artistes[1]. » Cependant l'admirateur de Colletet a pu aussi sincèrement trouver mauvaise la tragédie de Corneille ; qui aime Mævius ne doit pas aimer Virgile. Au contraire, Rotrou fut un des premiers à comprendre et à applaudir le nouveau génie. L'amitié qu'il lui témoigna dut consoler Corneille des attaques de Scudéry et de celles de Mairet. Plus tard, il exprimera son admiration pour lui dans ces beaux vers de SAINT GENEST :

> Nos plus nouveaux sujets, les plus dignes de Rome,
> Et les plus grands efforts des veilles d'un grand homme,
> A qui les rares fruits que la muse produit
> Ont acquis dans la scène un légitime bruit,
> Et de qui certes l'art comme l'estime est juste,
> Portent les noms fameux de Pompée et d'Auguste ;
> Ces poèmes sans prix, où son illustre main
> D'un pinceau sans pareil a peint l'esprit romain,
> Rendront de leurs beautés votre oreille idolâtre
> Et sont aujourd'hui l'âme et l'amour du théâtre.

Un pareil hommage fait le plus grand honneur à Rotrou. Les spectateurs de 1646 durent applaudir le poète généreux qui proclamait si haut la gloire d'un rival à la face de leurs communs juges.

Revenons aux pièces qui suivirent l'HERCULE MOU-

---

[1]. *Siècle de Louis XIV*, ch. XXXI.

rant. *Il suffira d'enregistrer à leur date la* Célimène, *comédie,* 1633 ; l'Heureux Naufrage, *tragi-comédie,* 1634 ; *la* Céliane, *tragi-comédie,* 1634 ; la Belle Alphrède, *comédie,* 1634 ; la Pèlerine amoureuse, *tragi-comédie,* 1634 ; *le* Filandre, *comédie,* 1635. *Aucun progrès ne se fait sentir dans ces pièces, sauf peut-être dans le style qui s'affermit et s'épure ; et ce qu'on y admire le plus, c'est encore la fécondité du poète produisant dans la même année quatre pièces en cinq actes. Dans sa marche ascendante, le bon Rotrou était sujet à des rechutes. Le goût de son temps qui s'imposait à lui, la nécessité de travailler vite pour beaucoup produire, le ramenaient de l'imitation des poètes antiques, qui eût été pour lui féconde en leçons, aux canevas italiens et espagnols, qu'il savait broder d'une main légère et rapide pour les besoins du public et pour les siens propres.*

Agésilan de Colchos, *qui parut en* 1635, *est tiré du roman d'*Amadis de Gaule. *On trouve dans cette pièce de l'intérêt, beaucoup d'esprit et des vers charmants. Daraïde s'est déguisé en femme pour pénétrer auprès de la belle Diane dont il est épris, mais il craint de paraître devant elle. S'il allait rester confus et muet en sa présence ! Son confident, Darinel, le rassure ainsi :*

> Oh ! la crainte frivole !
> Aimant bien, vous doutez de pouvoir cajoler !
> Cet habit seul suffit à vous faire parler.

Dans l'Innocente Infidélité (1635), *tragi-comédie,*

où l'on trouve des situations originales, je note ce vers d'une concision éloquente :

La justice irritée ouvre tard ses abîmes.

CLORINDE *et* AMÉLIE *sont de* 1636. *C'est l'année du* CID. *Arrêtons-nous un moment à cette date importante pour la scène française et pour Rotrou lui-même. A cette époque, Jean de Rotrou, avocat en parlement, habitait Paris et y vivait du produit de ses ouvrages. Nous empruntons au dictionnaire de Jal deux actes trouvés parmi de vieilles minutes, dans les archives de M. Galin, notaire à Paris, qui contiennent des détails curieux sur sa vie d'alors et sur la vente de ses pièces. Voici le premier, il est de* 1636 :

« *Fut présent noble homme* Me *Jean de Rotrou, advocat en la cour de Parlement, demeurant à Paris, aux Marets*[1] *du Temple, rue Neuve Sainct-François, paroisse de Sainct-Gervais, lequel a reconnu avoir vendu à honorables hommes Antoine de Sommaville et Toussainct Quinet, marchans libraires, bourgeois de Paris, y demeurant, sçavoir, ledict Sommaville, rue de la Pelleterie, paroisse Sainct-Jacques de la Boucherie, et ledict Quinet, rue Sainct-Jacques, paroisse de Sainct-Severin, les coppies en bonne forme de quatre pièces de théatre de la composition dudit sieur Rotrou, intitulées : l'une* LES

---

1. Scarron écrit aussi *Maretz*, et ce n'est pas toujours pour rimer *aux yeux* comme dans les vers cités par Littré (*Dictionnaire*). On trouve la même orthographe dans le *Roman comique* (éd. Jouaust, t. I, p. 76).

Menœgmes (sic) de Plaute, *autre la* Céliane, *autre la* Célimène *et autre l'*Amélie, *pour icelles imprimer ou faire imprimer par lesdicts Sommaville et Quinet, vendre et débiter à leur proffict, en obtenir à leurs frais le privilège de Sa Majesté pour les temps qu'ils pourront..... Cette vente faite moyennant la somme de sept cent cinquante livres tournois »* (11 mars 1636), *signé :* A. de Sommaville, *etc.....*

Le second document est de 1637 :

« Jean Rotrou, *avocat en parlement (même demeure que dans l'acte précédent), vend à Sommaville, dix pièces de sa composition, intitulées :* une la Pélerine amoureuse, l'Heureux Naufrage, l'Innocente Infidèle, Crisante, le Filandre, la Florimonde, Calpède, l'Agesilaus (sic) de Colchos, les Deux Pucelles de Cervantès et les Sosies, *pour icelles pièces imprimer par ledict de Sommaville, sçavoir : les six premières susdéclarées toutes fois et quantes que bon lui semblera et les quatre autres : l'*Alfrède *et l'*Agesilaus de Colchos, *dans six mois prochains,* les Deux Pucelles *et* les Sosies, *dans six mois d'huy....., moyennant la somme de quinze cents livres tournois »* (17 janvier 1637), *signé :* Rotrou *et* A. de Sommaville, *etc.....*

Parmi les pièces énumérées dans le dernier acte de vente, figure la Florimonde, *que Viollet-Le-Duc avait placée à tort en* 1635. « *Cette comédie, dit-il dans la notice qui précède la pièce, est tout à fait dans le genre des premières pièces de Rotrou; elle offre même quelques ressemblances avec celle de* Filandre, *qui fait partie du second volume de cette édition, et l'on ne croi-*

rait pas que Rotrou fût descendu autant au-dessous de lui-même après avoir composé Venceslas, si l'ancienne édition de Florimonde ne portait sur son titre que c'est le dernier ouvrage de Rotrou. » En dépit de cette assertion qui provenait de quelque méprise ou de quelque supercherie du libraire, le document trouvé chez M. Galin remet la Florimonde à sa vraie date, contemporaine du Filandre, dont Viollet-Le-Duc avait raison de la rapprocher.

Le même document doit faire encore changer sur un autre point la chronologie adoptée pour le théâtre de Rotrou. Il s'agit de Crisante, tragédie en quatre actes dans l'édition de Viollet-Le-Duc, qui roule sur le viol et le meurtre, et dont les situations violentes, les caractères outrés, font une impression pénible. Cette tragédie est placée par Viollet-Le-Duc à la date de 1639. L'acte qu'on vient de lire montre qu'elle était écrite et qu'elle a été vendue au libraire deux ans auparavant. L'auteur de l'article sur Rotrou, dans la Biographie universelle de Michaud, Laya, entre autres détails sur Crisante, nous apprend que cette pièce était en cinq actes dans le manuscrit de Rotrou ; la perte d'une partie de la copie a réduit la pièce à l'état où nous l'avons aujourd'hui [1].

Une pièce mentionnée dans le même document sous

---

1. Viollet-Le-Duc a donné en variantes le cinquième acte retrouvé dans un recueil de la Bibliothèque du roi. Il pensait que la pièce avait dû être réduite en quatre actes par Rotrou lui-même, qui avait voulu en retrancher des longueurs.

le titre de Calpède *n'existe plus. Ce n'est pas, d'ailleurs, la seule pièce de Rotrou qui se soit perdue, si nous en croyons une liste publiée dans l'*Histoire du théatre français *par les frères Parfait. Déjà, de leur temps, on ne connaissait que par les titres :* Lisimène, Don Alvar de Lune, Florante, les Dédains amoureux. *Quant à* la Thébaïde, *dont le nom figure aussi sur la même liste, on doit y reconnaître probablement, sous un autre titre, la même pièce que l'*Antigone.

C'est sans doute à cette époque de la vie de Rotrou qu'il faut placer sa passion pour le jeu et les anecdotes qui s'y rapportent. La plus connue de ces anecdotes regarde le moyen assez original qu'il avait trouvé de se faire des économies. Il jetait, dit-on, dans les fagots de son bûcher, l'argent qu'il avait gagné, soit au jeu, soit par la représentation de ses pièces, et il devait l'y rechercher péniblement quand il en avait besoin ; c'était sa caisse d'épargne. L'autre anecdote nous montre Rotrou sur le point d'être emprisonné pour dettes et délivré de ce péril par la représentation d'une de ses pièces, de Venceslas, *dit-on ; mais, si l'anecdote est vraie, elle doit être antérieure à* 1647 ; *car, à cette époque, Rotrou, marié et fonctionnaire public, habitait sa ville natale, où il n'a pu courir une telle aventure, si tant est que les dissipations et les erreurs de sa jeunesse l'aient jamais réduit à cette extrémité.*

Quoi qu'il en soit, on peut admettre qu'avant de se retirer dans sa ville natale et d'y remplir les fonctions dans lesquelles il mourut, Rotrou menait à Paris la vie des

d

jeunes gens de son temps. Sa passion légendaire pour le jeu n'était sans doute pas la seule qui lui fît faire diversion à ses travaux poétiques. La manière dont il parle de l'amour dans ses vers fait présumer que cette passion a dû jouer un certain rôle dans sa vie. On sait ce qu'était l'amour de ce temps-là, une galanterie très raffinée dans la forme et au fond très sensuelle. Les romans de chevalerie et les pastorales héroïques avaient mis à la mode un certain jargon amoureux, exalté et langoureux, dans lequel il était fort question de respect et de constance, ce qui n'engageait guère ceux qui en faisaient usage. L'amour volage avait aussi ses partisans qui ne s'en cachaient pas. Dans l'AGÉSILAN DE COLCHOS, Florizel, l'un des héros de la pièce, fait ainsi profession de changement perpétuel :

> Quand un objet est beau, mes yeux en sont ravis,
> Je me laisse attirer à de douces amorces,
> Et j'ai des passions égales à mes forces.
> Mais cette ardeur s'éteint, et la seconde nuit
> Je songe à mon repos : qui me charmoit me nuit.
> Telle avec qui le soir je parlois de servage,
> Et qui me paroissoit dessous un beau visage,
> Connoît bien le matin que j'en suis rebuté,
> Et le jour me retrouve avec la liberté.
> Je trouve des enfers où j'ai vu des délices,
> Le lieu de mes plaisirs m'est un lieu de supplices,
> Et tant d'aversion me chasse de ce lieu,
> Que même bien souvent j'oublie à dire adieu.

Voilà qui s'appelle parler assez crûment. Mais le dernier vers est bien joli; et il n'y a pas jusqu'à ce j'oublie à dire, *comme on parlait alors*[1], *qui n'ait sa grâce.*

Nous ne prétendons pas que Rotrou ait pratiqué l'amour à la façon d'un Florizel ; mais le bon Rotrou, ainsi que le bon La Fontaine, était peut-être volage en amour comme en vers. *En tout cas il n'aurait sans doute pas pu ni voulu dire de lui-même comme son ami Corneille :*

> En matière d'amour je suis fort inégal ;
> J'en écris assez bien, je le fais assez mal ;
> J'ai la plume féconde et la bouche stérile,
> Bon galant au théâtre et fort mauvais en ville.

Les bonnes occasions ne devaient pas lui manquer. En ce temps-là (on sait qu'il n'en est plus de même aujourd'hui), les dames de théâtre ne devaient pas être trop farouches, et, si l'on en croit Rotrou, elles se laissaient courtiser jusque sur la scène envahie par les beaux galants de la cour et de la ville[2]. *Rotrou, tel qu'on se le représente à cette époque de jeunesse, en s'en rapportant au buste de Caffieri fait sur des documents authentiques*[3],

---

1. « J'oubliois à vous dire. » Scarron, *Roman comique*, t. I, p. 55, édit. Jouaust.

2. A la fin du troisième acte de *Saint Genest*, l'acteur saint Genest, qui représente cette pièce devant l'empereur, se plaint que le théâtre est envahi par les gens de la suite. Dioclétien lui répond :

> *De vos dames la jeune et courtoise beauté*
> *Vous attire toujours cette importunité.*

3. Il s'agit de peintures prêtées par la famille à l'artiste sur la demande des comédiens français et par l'intermédiaire de M. Michel de Rotrou, maire de Montreuil, en 1779. Voir le *Dictionnaire* de Jal.

était beau, et sa personne respirait cet air de galanterie héroïque qui plaît aux femmes et qui les conquiert. Une sorte de mollesse élégante se mêle dans ce marbre d'une beauté si expressive à une mélancolique fierté.

Rotrou se maria en 1640, le 9 juillet. Il épousa Marguerite Le Camus, fille d'un habitant de Mantes, qui lui donna trois enfants, un fils et deux filles[1]. *Ce fut sans doute à cette époque qu'il fut appelé à changer son titre d'avocat au parlement contre la charge de lieutenant civil à Dreux. Il avait alors trente et un ans, un bon âge pour se ranger, pour vivre de la vie de famille et faire souche d'honnêtes gens. Depuis ce moment il habita dans sa ville natale, partagé entre ses devoirs et ses travaux, et ne vint plus à Paris que pour la représentation de ses pièces. Il s'excuse, dans une de ses préfaces, des fautes d'impression qu'on peut trouver dans ses pièces sur ce qu'il est à seize lieues de l'imprimerie.*

Corneille vivait de même à Rouen et ne se fixa à Paris que vers 1662. Rotrou le visitait-il quelquefois ou recevait-il lui-même sa visite? Sans doute ils se voyaient de temps en temps, soit en Normandie, soit à Paris où ils pouvaient se rencontrer. Ils devisaient ensemble de leur art, tous deux Normands, tous deux avocats, tous deux poètes : l'un, galant, aventureux, sachant la vie, et, comme dit Sainte-Beuve, ayant plus fréquenté la taverne

---

1. Le fils, qui s'appelait Jean comme son père et son grand-père, entra dans l'Église et devint curé de Chêne près d'Evreux. De ses deux filles, l'une, Elisabeth, se fit religieuse, et l'autre resta célibataire. (*Dictionnaire* de Jal.)

que l'hôtel Rambouillet, *d'instinct généreux et héroïque, religieux par enthousiasme poétique, d'un talent souple, spirituel, brillant et bouillant; l'autre, grave et un peu pédant, grand raisonneur et portant la dialectique dans la passion, croyant sincère, un peu janséniste quoique élève des jésuites, génie tout d'une pièce, naïf et grandiose, puissant et subtil. Tous deux s'aimèrent malgré leurs contrastes, et on peut se faire une idée de l'intérêt qu'auraient eu pour les deux amis ces entretiens mêlés de confidences littéraires.*

III

Les Deux Sosies (1636) *sont le vieux sujet d'Amphitryon emprunté par Rotrou à Plaute et que celui-ci tenait peut-être d'Épicharme*[1]. *Molière, à son tour, devait l'emprunter à Plaute et à Rotrou. Rotrou, dans ses* Deux Sosies, *suit Plaute de très près, et son imitation est assez heureuse pour que Molière s'en soit inspiré en plus d'un endroit. Viollet-Le-Duc a dressé la liste des emprunts par lui faits à son prédécesseur. Il a ainsi ajouté à la gloire de Rotrou, sans rien ôter à celle de*

---

1. Sur les comédies mythologiques d'Epicharme, voir Artaud, *Fragments pour servir à l'histoire de la comédie antique* (1863, Auguste Durand). « L'*Amphitryon* de Molière, y est-il dit, est une ingénieuse réminiscence de la comédie mythologique empruntée par Plaute au théâtre de Syracuse. »

Molière. Mais il me semble manquer de jugement, lorsqu'il soupçonne Molière d'avoir écrit son AMPHITRYON en vers libres afin de mieux déguiser ses plagiats, la pièce de Rotrou étant en alexandrins. C'est mal comprendre, je ne dirai pas seulement le caractère, mais le génie de Molière. On sait que l'auteur d'AMPHITRYON ne se cachait pas de prendre son bien où il le trouvait. Si, d'ailleurs, il a imité Rotrou, ce qui est incontestable, il faut avouer aussi qu'il l'a beaucoup corrigé, et même singulièrement transformé. Non que la pièce de Rotrou ne soit déjà une très bonne comédie, pleine de traits excellents, et digne du grand succès qu'elle obtint à son apparition; mais quoi! Molière est Molière, et l'AMPHITRYON est un de ses chefs-d'œuvre!

Il est intéressant de comparer entre eux ces deux ouvrages dont le second a fait oublier le premier. L'action se développe à peu près de la même manière dans les deux pièces, chose naturelle, puisque les auteurs suivent tous deux le même modèle : mêmes personnages, mêmes scènes, et souvent mêmes traits comiques; mais comme tout, dans Molière, est plus vif, plus enlevé, plus saillant! Par quelle magie ce qui fait seulement sourire dans LES DEUX SOSIES provoque-t-il dans l'AMPHITRYON un rire irrésistible? Tout est de même, et tout est différent. Le secret de cette différence est dans le mouvement, la mesure et la vie de la composition et du style de Molière. Molière n'a peut-être ni plus d'esprit ni plus d'imagination que Rotrou, mais il a plus d'entrain et plus d'art; il ménage mieux ses effets. Là où celui-ci jette au vent tout un carquois, l'autre ne lance qu'une flèche ; mais c'est une flèche d'Apollon, qui porte toujours. La différence s'accuse dès le prologue. Chacun des deux poètes a inventé le sien, mais quel contraste entre le long et ennuyeux monologue de Junon qui commence LES DEUX SOSIES, et le monologue aristophanesque de Mercure et de la Nuit par lequel s'ouvre si poétiquement et si gaiement l'AMPHITRYON !

LES DEUX PUCELLES sont données comme une imitation de Cervantes [1]. De ces deux pucelles, l'une avait cessé de l'être avant le commencement de la pièce ; l'autre l'est encore, mais bien malgré elle. Par quelle série d'aventures la première arrive à épouser l'homme qui avait déjà ravi ses faveurs, et la seconde trouve un mari sur lequel elle ne comptait pas, après avoir couru les champs, les bois, et être tombée tour à tour dans les mains des brigands et dans celles des archers, nous ne le raconterons pas. La poésie du style, jointe à la singularité des situations, fait le mérite de cette pièce qui est, comme la précédente, de la même année que LE CID (1636). Dans LAURE PERSÉCUTÉE (1639), on entend comme un écho anticipé des grandes scènes de VENCESLAS. L'action s'engage avec une noble simplicité ; l'intérêt naît dès le début et se poursuit jusqu'à la fin en dépit d'un peu de froideur et de faiblesse dans certaines parties. L'intrigue peut paraître trop romanesque, mais elle donne lieu à des situations originales et à des développements poé-

---

[1]. Cervantes était fort à la mode et fort exploité par les auteurs dramatiques pendant toute la première moitié du XVIIe siècle.

tiques qui en font excuser l'invraisemblance. Le dénouement présente une de ces scènes noblement ingénieuses qui sont dans le génie du drame espagnol et dont LA BAGUE DE L'OUBLI, *imitée de Lope de Vega*, nous a déjà offert un exemple. L'infante de Pologne, venue pour épouser le fils du roi de Hongrie, déjà marié, à l'insu de son père, avec une autre femme, est prise pour juge par le jeune couple et prononce sans le savoir contre elle-même :

> L'amour n'est point sujet au respect d'un parent;
> Il dépend de soi seul ; cet enfant volontaire,
> Pour n'en point respecter, voulut naître sans père ;
> Immortel, il possède un absolu pouvoir
> Et ne relève point de la loi du devoir.

On reconnaît ici les principes de la chevalerie poétique et romanesque. Le style, malgré les pointes et les concetti, malgré les allusions mythologiques avec lesquelles Rotrou semble jouer [1], n'est pas seulement brillant et harmonieux ; on y rencontre en plus d'un endroit ces traits grands et solennels qui semblent propres au génie du poète. L'élévation s'y joint parfois à la simplicité. L'héroïne de la pièce, qui ignorait sa naissance et se croyait de condition inférieure, apprend tout à coup

---

1. En voici un exemple. Le roi dit à un gentilhomme en parlant d'une femme :

> Combats pour conquérir cette riche toison,

Et Octave répond :

> Le zèle qui m'anime en sera le Jason.

qu'elle est de haute origine. La confidente déclare ne pas s'en étonner :

LAURE.

Lydie, ô dieux ! Quelle est cette merveille ?

LYDIE.

Divine comme vous, comme vous sans pareille ;
Qui telle toutefois à peine me surprend,
Car mon cœur me disoit quelque chose de grand ;
Et le Ciel, ce me semble, a sur votre visage
Mis je ne sais quels traits marque d'un grand courage :
Un regard, un souris, un geste, une action,
Disent muettement votre condition ;
Tout en vous rend pour vous ce secret témoignage,
Et j'ai cent fois du cœur entendu ce langage

Dans cette pièce, l'amour est en opposition avec la raison d'État, la passion d'un fils avec l'autorité d'un père ; dans le père même, la dignité royale combat contre l'amour paternel ; dans le fils, le respect filial est aux prises avec la passion pour une femme. Tout se concilie à la fin ; mais, dans ce conflit de sentiments divers, de grands accents ont retenti, l'émotion tragique s'est élevée à une grande hauteur. Avec plus de simplicité dans l'action, plus d'art dans la composition et un ton plus soutenu, cette tragi-comédie serait un des meilleurs ouvrages du maître.

ANTIGONE *vient après* (1638). *Sophocle dans son* ANTIGONE, *Euripide dans* LES PHÉNICIENNES, *Sénèque dans* LA THÉBAÏDE, *sont ici les prédécesseurs de Rotrou qui leur a emprunté le sujet et plus d'un trait de sa tragédie. Il devait avoir Racine pour successeur. On sait* que Racine débuta au théâtre, en 1664, par une tragédie intitulée : LA THÉBAÏDE OU LES FRÈRES ENNEMIS. On lit dans la préface : « Ce sujet avoit été autrefois traité par Rotrou sous le nom d'ANTIGONE ; mais il fesoit mourir les deux frères dès le commencement de son troisième acte ; le reste étoit en quelque sorte le commencement d'une autre tragédie, où l'on entroit dans des intérêts tout nouveaux ; et il avoit réuni dans une seule pièce deux actions différentes, dont l'une sert de matière aux PHÉNICIENNES d'Euripide et l'autre à l'ANTIGONE de Sophocle. Je compris que cette duplicité d'action avoit pu nuire à sa pièce, qui d'ailleurs étoit remplie de quantité de beaux endroits. » Ce passage, où Racine rend justice aux beaux endroits de Rotrou, met en regard la conception classique de la tragédie, dont le premier principe est une unité sévère, avec le système plus large, appelé de nos jours romantique, qui était déjà celui de Rotrou, dans lequel plusieurs actions peuvent se joindre en s'enchaînant dans une composition dramatique plus riche de faits et d'idées. Rotrou ne s'inquiéta jamais beaucoup des règles dites d'Aristote, sous la loi desquelles se courba le génie de Corneille, et qu'approuvait le goût de Racine. Il disposa toujours librement du temps et de l'espace, afin d'y développer à l'aise ses créations dramatiques ; et, quant à l'unité nécessaire dans toute composition, et sans laquelle il n'existe point d'œuvre d'art, il la plaçait plus haut que n'a fait depuis l'école classique. Sous ce rapport, il se rapprochait plus que Racine du véritable idéal grec qui mettait l'unité d'une œuvre dramatique, non dans le fait, mais dans *l'idée. Cette pièce même des* Phéniciennes *va nous en fournir un exemple.*

Comme l'a très bien remarqué Patin dans sa savante analyse de cette tragédie, une idée en domine toutes les scènes, et « ces catastrophes multipliées sont les actes divers d'un seul drame, la chute de la maison d'Œdipe sous les coups redoublés du Destin [1] ». La rivalité des deux fils d'Œdipe, qui doit les faire périr par la main l'un de l'autre, le sacrifice de Ménœcée, la mort de Jocaste, autant de faits sortis de la même cause, la fatalité qui poursuit une race condamnée, et dont rien ne peut conjurer l'effet, jusqu'à ce que le dernier membre de cette famille néfaste ait péri. Euripide aurait pu y joindre, comme l'a fait Rotrou, la mort d'Antigone, victime de sa piété fraternelle. Le dévouement d'Antigone, comme celui de Ménœcée, fait ressortir ce qu'a de terrible cette fatalité que rien n'apaise : ni grâce, ni vertu, ni sacrifice ne peuvent désarmer ce Destin dont Tirésias est le prophète. Les prédictions sinistres du vieux devin, la résolution prise par Antigone d'ensevelir, malgré l'ordre de Créon, son frère Polynice, l'exil d'Œdipe, terminent la pièce d'Euripide ; ou plutôt la pièce ne finit pas, la conclusion y manque ; on ne sait ce qu'il adviendra d'Antigone et de sa résolution généreuse. Le rideau se ferme sur l'exil d'Œdipe ; le drame sanglant s'achève dans une vague terreur, comme une journée

---

1. *Études sur les tragiques grecs. Euripide*, t. I, p. 302, 2ᵉ édit., Hachette, 1858.

orageuse dans le sourd murmure du tonnerre à l'horizon qu'envahit la nuit.

L'écho lointain de cette antique fatalité résonne encore dans la tragédie de Rotrou. Au nom de THÉBAÏDE, qui semble lui avoir été donné d'abord [1], l'auteur substitua avec raison dans le titre celui d'ANTIGONE, véritable héroïne de la pièce, noble et pure figure dans laquelle semblent se concentrer toutes les douleurs de sa famille.

> Unde in infanda specimen egregium domo?
> Unde ista generi virgo dissimilis suo?

Ainsi parlait Sénèque, et ainsi semble avoir pensé Rotrou. Dans la conception de son ANTIGONE, il s'est inspiré à la fois d'Euripide, de Sophocle et de Sénèque, voire de Stace. Sans doute la vierge de la maison des Labdacides, ce type de toutes les piétés et de toutes les douleurs, n'atteint pas chez lui, malgré sa grâce touchante, la pureté idéale dont l'a revêtue, comme dans une statue de marbre blanc, le génie divin de Sophocle. La galanterie poétique de ses entretiens avec Hémon, sans rien ôter à sa chasteté, fait perdre à l'Antigone de Rotrou le caractère quasi sacerdotal qui donne tant de dignité à l'Antigone de Sophocle. Ce défaut est encore plus grand dans Racine; l'idée malheureuse qu'il a eue

---

[1] On a vu que ce nom se trouve mentionné dans une liste d'œuvres perdues de Rotrou. Rotrou n'avait sans doute pas traité deux fois le même sujet; mais il a pu changer le titre de sa tragédie.

de faire du vieux Créon le rival de son fils jette du ridicule sur ces amours de théâtre. Dans Sophocle, Antigone et Hémon ne se parlent pas une fois, et la mort seule les réunit. En revanche, un hymne à l'Amour, d'une adorable poésie, s'élève dans les chants du chœur au moment où Antigone prend le chemin de la caverne où elle doit être ensevelie vivante.

Il n'y a pas lieu de comparer la THÉBAÏDE *avec l'*ANTIGONE. *L'une est l'œuvre d'un maître de la scène, l'autre d'un débutant dans la carrière. La pièce de Rotrou, bien que non exempte de défauts* [1]*, est traversée d'un vrai souffle tragique, et le style, mêlé d'éloquence et de naturel, quoique déparé parfois par le jargon du temps, est parfois aussi bien près du vrai ton de la tragédie. La fibre humaine y résonne avec force et douceur, soit dans les adieux de Polynice à sa femme, soit dans l'entretien du même Polynice avec sa sœur Antigone, soit dans la scène où Argie et Antigone se rencontrent sur le champ de bataille où elles cherchent toutes deux le corps de Polynice* [2]*. Racine est élégant et sec ; il imite d'ailleurs Rotrou de si près, qu'un critique, le père Brumoy, lui a reproché d'en être l'esclave. Comme lui, et au rebours d'Euripide, il a fait porter l'intérêt sur Étéocle au lieu de Polynice. Dans le récit du combat entre les deux frères, il emprunte à son prédécesseur les détails*

---

1. Le père Brumoy, dans son analyse de la pièce de Rotrou, en loue particulièrement l'exposition rapide et naturelle. (*Théâtre des Grecs*, t. VI, édition de Raoul Rochette.)

2. Cet épisode est emprunté à la *Thébaïde* de Stace.

les plus caractéristiques. Mais combien la description de Rotrou est plus vive et plus pittoresque !

Rotrou s'est retrouvé une autre fois entre Euripide et Racine ; c'est dans l'IPHIGÉNIE EN AULIDE (1640). Dans cette tragi-comédie, c'est ainsi qu'il l'appelle, Rotrou a suivi son modèle antique presque pas à pas, bien entendu en l'accommodant au goût de son temps, ce que fera également Racine. Le seul changement qu'il se soit permis, c'est de remplacer par la résignation la crainte de la mort qu'éprouve l'Iphigénie d'Euripide et les larmes qu'elle verse sur elle-même comme la fille de Jephté dans une situation pareille. Ce changement n'est guère heureux. Combien la pure ingénuité de la jeune fille de la tragédie grecque est plus vraie et plus dramatique à la fois que le faux point d'honneur, inconnu des anciens, qui interdit la plainte à l'Iphigénie de Rotrou et de Racine ! Touchante dans sa faiblesse, elle n'en paraît ensuite que plus admirable, et cela sans cesser d'être naturelle, quand, par un noble enthousiasme, à la fois religieux et patriotique, s'élevant au-dessus d'elle-même, elle repousse le secours d'Achille et annonce sa résolution de mourir pour le salut de l'armée et la gloire de la Grèce. Le drame de Rotrou, tout plein de longs discours, de dissertations et de déclamations, est aussi rempli de beaux vers heureusement traduits ou imités d'Euripide. On sait que la rhétorique est le péché originel de la tragédie française. La rhétorique de Rotrou est souvent éloquente, et s'illumine parfois d'un éclair de poésie.

Dans l'IPHIGÉNIE de Racine, la noble convention, la

constante élégance, l'éloquence dramatique, les bienséances augustes, toutes les hautes dignités de la royale tragédie racinienne sont portées à leur comble. Si la base de cette tragédie est étroite, si l'œuvre manque de ciel et d'horizon, les proportions en sont du moins parfaites ainsi que la convenance, et le plaisir tout littéraire qu'elle fait naître est approuvé par le goût et par la raison. Dans ce système, l'invention du personnage d'Eriphile et le dévouement qu'elle amène sont un chef-d'œuvre d'habileté dont l'auteur a eu raison de s'applaudir dans sa préface. Cette tragédie nous semble le triomphe du genre. Pour s'élever plus haut en se surpassant lui-même, Racine avait besoin de rencontrer un sujet dont la grandeur, en harmonie avec sa foi religieuse et politique, lui permît de se développer tout entier, et, en mêlant le lyrisme des chœurs à la poésie des scènes dialoguées, de se rapprocher des formes de la tragédie grecque, comme il en renouvelait l'intérêt religieux; il trouva ce sujet dans ATHALIE.

C'est le sentiment religieux qui, joint au pathétique des situations, à la vérité des caractères et au naturel du langage, fait la supériorité de l'œuvre d'Euripide. Quand on la relit, après ses imitations modernes, il semble qu'on entre dans un autre monde, qu'on respire un autre air. L'action toute simple, sans complications ni déclamations, se déroule comme un pur bas-relief antique sur la muraille d'un temple. Tandis que la Melpomène de Racine ne dépouille jamais le cothurne sur lequel elle s'élève avec une dignité sans pareille, la Muse d'Euripide ne craint pas de montrer son pied nu *dans mille détails familiers et charmants. La diction, un peu prolixe dans les tons variés où elle passe, depuis l'idylle de la première scène jusqu'au style épique du premier chœur et au lyrisme des autres, est toujours naturelle, jamais tendue ni vulgaire. Racine sentait tout le charme d'Euripide dont il prend le parti contre ses détracteurs dans la préface même de l'*Iphigénie en Aulide; *mais il sacrifiait à un autre idéal. Rotrou n'était pas indigne de comprendre ce dernier des grands tragiques grecs, le plus près de nous et le plus moderne par l'esprit comme par la date, et il s'en fût approché davantage si le goût de son temps et son éducation littéraire l'eussent permis. Les belles scènes de* Venceslas *nous le montreront joignant la simplicité à la grandeur et le naturel à la poésie.*

Nous sautons à pieds joints sur une nouvelle imitation de Plaute, les Captifs, *qui se placent par la date (1638) entre l'*Antigone *et l'*Iphigénie [1], *et sur des comédies du genre latin dont Rotrou avait emprunté l'intrigue aux imitateurs italiens de Plaute. L'un des auteurs qu'il mettait aussi à contribution était un cer-*

---

1. Rotrou avait une grande admiration pour le génie comique de Plaute. Il dit dans la préface de sa *Clarice* : « Il est impossible de s'égarer sur les pas de cet illustre père du comique ; ce qu'il a fait de beau l'est au dernier point, et ce qui ne l'est pas absolument pour lui l'est parfaitement pour nous. Il nous passe de si loin aux endroits mêmes où il se néglige, que nous serions assez riches de ce qu'il jette et assez parés de ses défauts. »

tain Sforza d'Oddi, qui lui fournit le sujet de sa CLARICE *et peut-être celui de* LA SŒUR. *Ces imbroglios italiens ne sont pas sans mérite, mais il est temps, sans plus nous attarder, d'arriver aux grandes œuvres de Rotrou.*

IV

« *Rotrou est de beaucoup inférieur à Corneille ; mais, quand il monte, c'est dans le même sens et sur les mêmes tons : il aide à mesurer l'échelle. Plus jeune d'âge que Corneille, mais son aîné au théâtre, il se fit son suivant et comme son écuyer dans l'arène depuis* LE CID. *Corneille avait beau le tirer en avant et lui dire* mon père, *Rotrou s'obstinait à rester à sa place et se contentait,* fils ou frère, *de l'honneur de la lignée.* »

Ainsi s'exprime Sainte-Beuve dans cet Épisode dramatique de son PORT-ROYAL [1], où il rapproche, à propos de la tragédie sacrée, POLYEUCTE et SAINT GENEST. Ce jugement, ainsi formulé, nous semble faire la part trop petite à Rotrou, sans doute inférieur à Corneille, mais qui, tout en s'élevant dans le même sens, brille aussi à côté de lui par des qualités différentes. POLYEUCTE et SAINT GENEST offraient, d'ailleurs, une bonne occasion de comparer, dans un sujet analogue,

---

1. T. I, p. 159. Sous ce nom d'*Épisode dramatique,* Sainte-Beuve a consacré deux chapitres à l'analyse de *Polyeucte* et à celle de *Saint Genest.*

f

ces jumeaux de notre grand art dramatique. Sainte-Beuve l'a fait, à son habitude, d'une manière excellente et sans trop sacrifier Rotrou. Il rattache avec raison ces deux tragédies aux anciens mystères. « Rotrou, fortement ému de la pièce sublime de Corneille et qui ne rougissait pas de paraître suivre en disciple celui qui, par un renversement naïf de rôles, le nommait son père, produisit, peu d'années après (1646), cette autre tragédie de la même famille exactement et qui ressuscite et clôt sur notre théâtre l'ancien genre des martyres. SAINT GENEST fait le second de POLYEUCTE, et tous deux sont des rejetons imprévus, au seuil du théâtre classique, d'une culture longtemps florissante au moyen âge, mais depuis tout à fait tombée. »

Il n'y a plus rien à dire de POLYEUCTE. Les remarques si fines de Sainte-Beuve sur la grandeur, le désintéressement et la beauté tout humaine du caractère de Sévère, sur le caractère de Pauline si raisonnable et sensé dans son héroïsme, si français, ont épuisé le sujet et contribuent à marquer d'une manière définitive la place de Corneille au rang des génies créateurs. La pièce de Rotrou n'offre rien de pareil ni quant aux caractères, ni pour les situations ; elle n'a rien d'égal aux dramatiques beautés du quatrième acte de POLYEUCTE ; mais elle est pleine de poésie et mêle d'une façon très originale le lyrisme religieux du rôle de saint Genest à des dialogues familiers d'une grâce légère. Le sujet est l'histoire d'un comédien païen converti au christianisme en jouant devant Dioclétien le martyre d'Adrien ; il prend tout à coup, sur la scène même, les sentiments de son *rôle, et, comme le dit à la fin l'un des spectateurs, d'un mensonge fait une vérité. Un tel sujet prêtait à une grande variété de tons, et Rotrou y a mis toute la souplesse de son talent. L'entretien de l'acteur Genest avec les empereurs Dioclétien et Maximien sur la pièce à représenter devant eux pour la célébration des noces de Maximien; la répétition des comédiens, le jeu du martyre d'Adrien et les scènes où Genest, transporté d'un esprit nouveau, devient chrétien sur le théâtre; le trouble et les méprises qui en résultent parmi les acteurs et parmi les spectateurs, jusqu'au moment où la vérité de cette conversion merveilleuse, en se faisant reconnaître, amène la condamnation de l'acteur dont le martyre va ainsi devenir une réalité, au grand désespoir de la troupe de Genest qui sollicite en vain la grâce de son chef, tout cela fait un mélange de tragique et de comique, de sublime et de familier, qui plaît à l'imagination en même temps qu'il fait naître l'intérêt. Il y a là, comme dit Sainte-Beuve, « tout un drame intérieur qui s'emboîte dans l'autre, qui s'y enlace comme par jeu et qui, de plus en plus gagnant, finit par tout prendre d'un revers et tout couronner ».*

Le style est inégal, comme partout dans Rotrou, mais on trouve de beaux élans poétiques dans les grandes tirades religieuses, et dans les scènes de comédiens une charmante liberté. Sainte-Beuve cite les vers peu classiques sur la peinture de décoration et les effets qu'elle produit, vers qui lui rappellent ceux de Molière sur le Val-de-Grâce et aussi la touche du vieux Régnier. Il trouve dans le style de Rotrou l'image à un degré de plus que chez Corneille. Rotrou est plein de ces vers qui peignent :

> J'ai vu tendre aux enfants une gorge assurée
> A la sanglante mort qu'ils voyoient préparée,
> Et tomber sous le coup d'un trépas glorieux
> Ces fruits à peine éclos déjà mûrs pour les cieux [1].

Une autre qualité poétique du style de Rotrou, qu'il possède en commun avec Corneille, mais à un degré plus évident encore, c'est le vers plein, tout d'une venue, de ces vers qui emportent la pièce. Comme exemple de ces vers eschyliens, qui auraient mérité de résonner sous le masque antique, Sainte-Beuve cite les suivants :

> Après les avoir vus d'un visage serein
> *Pousser des chants aux cieux dans des taureaux d'airain...*
> La mort, pour les trop voir, ne leur est plus sauvage ;
> Pour trop agir contre eux le feu perd son usage ;
> En ces horreurs enfin le cœur manque aux bourreaux,
> *Aux juges la constance, aux mourants les travaux.*

Il cite plus loin ceux-ci :

> Marchons assurément sur les pas d'une femme.
> *Ce sexe qui ferma rouvrit depuis les cieux.*

et il ajoute : « *Vers d'unique et merveilleuse précision qui renferme toute l'histoire du monde depuis la chute jusqu'à la venue.* »

La tragédie sacrée de Rotrou, bien qu'inspirée par

---

1. Pour la pensée et pour l'harmonie ces vers pourraient être de Lamartine.

celle de Corneille, se rattache de plus près et plus réellement qu'elle à ces mystères dont Sainte-Beuve les fait descendre toutes deux. Corneille, en s'emparant d'un sujet chrétien qui aurait pu inspirer les vieux auteurs des MARTYRES, *l'a jeté dans le moule classique et en a fait une véritable tragédie, dans l'action de laquelle des caractères et des passions sont aux prises et se livrent de dramatiques combats. La pièce de Rotrou est plus simple, l'action s'y déploie tout uniment et sans péripéties dans une série de scènes dont le principal mérite est l'originalité et la poésie. On pourrait l'appeler une tragédie* romantique, *dans le sens allemand du mot et selon les traditions transformées des confrères de la Passion, ou peut-être à l'imitation des* COMÉDIES SACRÉES *de l'Espagne.*

« *Une année après* SAINT GENEST, *en* 1647, *il (Rotrou) donna la tragi-comédie de* DON BERNARD DE CABRÈRE, *imitée sans doute du théâtre espagnol, et dans laquelle il peint le don du contretemps, de la mauvaise fortune ou du guignon, comme dirait, avec fantaisie et verve, un homme très plein de son sujet, c'est-à-dire assez peu favorisé des étoiles. C'est un pendant tout piquant et tout* romantique *au ressort tragique du Fatum des anciens. M. Wilhelm de Schlegel a dû aimer beaucoup cette pièce, s'il l'a connue* [1]. »

---

[1]. C'est une des théories de Schlegel que le *hasard* doit être le dieu de la comédie, comme le *destin* de la tragédie. (V. le *Cours de littérature dramatique*.) On sait que Schlegel était partisan de la comédie d'imagination et préférait le *Roi de Cocagne* de Legrand aux chefs-d'œuvre de Molière.

Venceslas, *qui vient ensuite et la même année, est le chef-d'œuvre de Rotrou et l'un des chefs-d'œuvre de notre théâtre. Le sujet en est pris d'un drame espagnol de Francisco de Rojas, qui a pour titre* : On ne peut être père et roi. *Ticknor, l'historien américain de la littérature espagnole, est sévère pour Rojas et en particulier pour cette œuvre-ci.* « *Ses comédies intitulées* : No hay ser padre siendo rey *et* los Aspides de Cleopatra, *sont, dit-il, aussi pleines d'extravagances que le drame espagnol peut en comporter* [1]. » *S'il en est ainsi, il faut que Rotrou, en imitant l'œuvre de Rojas, l'ait singulièrement embellie. Rotrou n'est pas, d'ailleurs, le seul auteur français qui se soit paré des dépouilles de Rojas. Le Sage, dans* Gil Blas, *lui a emprunté la nouvelle qui a pour titre* le Mariage de vengeance [2].

Venceslas, roi de Pologne, a deux fils. L'aîné, Ladislas, d'un naturel généreux, mais violent et altier, s'abandonne sans frein à ses passions et ne souffre qu'avec impatience les remontrances de son père; il trouve même que la couronne demeure trop longtemps au front du vieillard, et va jusqu'à lui insinuer l'abdication. A ce fils si peu respectueux, s'oppose, avec un caractère tout différent, son frère Alexandre ; non que celui-ci n'ait aussi dans le sang de bouillantes ardeurs, mais il se contient et sait faire céder au respect filial le ressentiment que font naître en lui les hauteurs et les injustices de son

---

[1]. *Histoire de la littérature espagnole,* traduite par Magnabal, deuxième période, p. 445. (Hachette, 1870.)
[2]. Livre IV, chap. iv.

aîné. Les deux frères aiment la même femme, Cassandre, duchesse de Cunisberg; mais Cassandre hait Ladislas de toute l'indignation d'une vertu qu'il a voulu séduire, tandis que les respects d'Alexandre ont conquis son cœur. Ladislas ignore cet amour et croit Cassandre éprise de Fédéric, duc de Courlande et ministre favori de Venceslas. Fédéric, qui aime l'infante Théodore, a paru en effet faire sa cour à Cassandre; c'était par l'ordre d'Alexandre qui voulait ainsi cacher à son père et à son frère son intelligence avec la princesse de Cunisberg. Cette méprise forme le nœud de la tragédie. Ladislas, croyant frapper le duc, tue son frère dans une rencontre nocturne, au moment où celui-ci venait d'épouser secrètement la princesse. Ceci se passe au troisième acte, et jusque-là la pièce ne s'élève guère au-dessus des autres meilleures œuvres du poète, si ce n'est par le ton grave et fier de la première scène, où le vieux roi gourmande son fils et où le caractère très bien dessiné de Ladislas commence à s'accuser. Malheureusement, la scène où Cassandre se plaint à Théodore du caractère honteux de l'amour du prince, et la scène qui suit entre elle et Ladislas, sont gâtées par un mélange d'affectation et de trivialité; on y trouve ces expressions vulgaires et basses que Sainte-Beuve reprochait à Rotrou et qu'il regardait comme un effet de ses mauvaises habitudes.

Mais, à partir du quatrième acte, le drame s'élève singulièrement. Du moment où le prince, après les aventures terribles de la nuit, rentre au palais, blessé dans son combat nocturne et croyant avoir tué le duc, s'ouvre une série de scènes superbes, d'un ton tout nouveau, dont la *gravité, simple et solennelle à la fois, fait une impression dramatique et hautement morale. Ladislas apprend d'abord à sa sœur qu'il a tué le duc. Théodore, qui l'aimait en secret, est près de s'évanouir, elle se retire dans son appartement; le jour paraît.*

OCTAVE.
Déja du jour, Seigneur, la lumière naissante
Fait voir par son retour la lune pâlissante.
LADISLAS.
Et va produire aux yeux les crimes de la nuit.

La scène qui suit, entre le prince et le roi, est admirable. Le roi s'étonne de voir son fils levé si matin et lui en demande la raison :

Qui vous réveille donc avant que la lumière
Ait du soleil naissant commencé la carrière?
LADISLAS.
N'avez-vous point aussi précédé son réveil?
VENCESLAS.
Oui, mais j'ai mes raisons qui bornent mon sommeil.
Je me vois, Ladislas, au déclin de ma vie, etc.

Tout ce qui vient ensuite est d'une grande beauté poétique. La douce gravité de ces vers porte la pièce à une hauteur d'émotion d'où elle ne descendra plus.

Ladislas vient d'avouer au roi qu'il a tué le duc. A ce moment le duc paraît. Ladislas le voit :

> M'as-tu trompé, ma main ? me trompez-vous, mes yeux ?
> Si le duc est vivant, quelle vie ai-je éteinte,
> Et de quel bras le mien a-t-il reçu l'atteinte ?

Tout s'explique par l'entrée de Cassandre, veuve maintenant d'Alexandre, et qui vient demander au roi justice du meurtrier. Le père devient juge. Il entre dans son rôle de justicier avec une simplicité héroïque qui fait grand honneur à Rotrou. Le grand paraît ici naturel. Le discours du prince, qui déclare galamment vouloir mourir pour contenter la haine de Cassandre, semble un peu ridicule aujourd'hui ; mais la beauté de la situation l'emporte, et le quatrième acte finit avec dignité par l'arrestation de Ladislas à qui le roi demande son épée.

La scène où Venceslas embrasse son fils tout en lui annonçant qu'il va mourir, cette scène qui allie dans le rôle du père la tendresse à la sévérité, la dignité royale à l'amour paternel, est d'une simplicité noble et touchante. Ni exagération ni déclamation, le sublime est là, non dans les mots, mais dans les choses ; Corneille lui-même n'a rien de pareil. Ladislas se relève dans cette scène ; sa générosité naturelle, égarée par ses passions, voilée par ses vices, reparaît devant la mort, à temps pour expliquer, sinon pour justifier l'amour que le peuple n'a cessé de lui porter en dépit de ses fautes et de ses crimes, et la grâce que va lui obtenir, presque au pied de l'échafaud, le vœu populaire.

On connaît le dénouement. Venceslas, sollicité par ce vœu du peuple, par les instances de ses proches et par Cassandre elle-même, pardonne ; mais, ne pouvant plus concilier son amour de père avec son devoir de roi et son indulgence avec sa justice, il abdique. Ladislas passe de la prison au trône. Ce dénouement, qui met le roi au-dessus de la loi, peut sembler exagérer un peu fortement le sentiment monarchique, mais ce qu'il a d'immoral est corrigé, selon l'esprit du temps, par l'idée qui attache à la royauté la justice comme son plus impérieux devoir, son inséparable attribut. Les paroles de Ladislas, au moment où il reçoit la couronne des mains de son père, annoncent, d'ailleurs, le changement qui s'opère en lui. On peut croire que le trône fera de lui un homme nouveau comme de l'Henri V de Shakespeare.

Les caractères sont remarquables dans VENCESLAS. Rotrou avait appris de Corneille à les marquer d'une empreinte individuelle, au lieu de se contenter de traits généraux. Cassandre n'est, il est vrai, qu'une Chimène dégénérée ; mais Ladislas, l'impétueux jeune homme que ses passions poussent jusqu'au crime sans l'avilir, est un personnage très vivant, et le vieux Venceslas est aussi très vrai dans sa grande figure de roi que les soucis éveillent avant l'aube et dans la sévérité attendrie de son rôle de justicier.

On a un VENCESLAS retouché par Marmontel qui a corrigé et aplati Rotrou. Il élagua de mauvais vers et les remplaça par de médiocres ; « il mit, dit Sainte-Beuve, du pavot sur ce qui était trop cru ». A la représentation, l'acteur Le Kain, qui sans doute n'approuvait pas ces changements et qui savait son Rotrou par cœur, rétablit tout à coup le texte original et fit ainsi manquer la réplique. L'ombre de Rotrou dut être contente, mais

Marmontel ne pardonna jamais à Le Kain d'avoir eu plus de respect que lui pour le vieux poète [1].

V

Rotrou mourut à Dreux, le 28 juin 1650. Il était à Paris lorsqu'une maladie épidémique, une sorte de fièvre pourprée très maligne, se déclara inopinément dans sa ville. Déjà le maire et plusieurs des principaux habitants avaient été emportés, la peur régnait, beaucoup prenaient la fuite. Rotrou, au contraire, voulut se rendre où il croyait que son devoir l'appelait, au milieu de ses concitoyens. Revenu à Dreux, il écrivait à son frère qui l'engageait à s'éloigner d'un lieu pestiféré : « Le péril où je me trouve est imminent. Au moment où je vous écris, les cloches sonnent pour la vingt-deuxième personne aujourd'hui; ce sera pour moi demain peut-être. Que la volonté de Dieu s'accomplisse ! » M. Didot, qui cite cette fin de lettre, ajoute : « Trois jours après les habitants de Dreux accompagnaient à l'église paroissiale de Saint-Pierre le cercueil de leur vertueux magistrat et déposaient le corps de Rotrou dans le cimetière annexé à cette église où, sur une pierre à moitié effacée par le temps

---

1. Pour ne pas abuser des analyses, nous laissons de côté *Chosroès*, qui succéda à *Venceslas* (en 1649). Cette tragédie, l'un des bons ouvrages de Rotrou, qu'on trouvera dans cette édition, eut son Marmontel dans le marquis d'Ussé, qui la remania et la remit à la scène en 1704. Elle y fut très applaudie.

(*détruite aujourd'hui*), *mon père a pu lire le nom glorieux du fondateur de la scène française.* »

Cette fin de Rotrou relève singulièrement sa vie. Rien n'indique, d'ailleurs, que cette vie n'ait pas toujours été honorable, même en sa jeunesse dissipée et déréglée; et Sainte-Beuve exagère peut-être un peu quand, en le comparant à Dryden et à Otway, il le représente comme ayant réalisé « l'idée vulgaire qu'on se fait du poète, ardent, impétueux, endetté, inégal en conduite et en fortune ». Sa nature était certainement noble et généreuse, portée même à la grandeur et à l'héroïsme; on le sent dans ses ouvrages où se trouvent fréquemment de ces traits qui ne peuvent partir que d'une grande âme. Sa muse n'est pas toujours chaste; mais on ne trouve dans son théâtre rien de pareil à la scène fameuse entre le sénateur Antonio et la courtisane Aquilina dans VENISE SAUVÉE [1]. Son imagination était tendre et voluptueuse, elle n'était ni impure ni dégradée. On ne saurait non plus l'accuser de vénalité, ni des autres vices reprochés au poète célèbre à qui Buckingham donnait d'une main des coups de bâton et de l'autre une bourse pleine d'or [2]; s'il a loué les puissants qui pouvaient lui payer ses dédicaces, Corneille en a fait autant, et il n'y avait guère alors, pour les poètes sans patrimoine, d'autre ressource que cette mendicité poétique. La comparaison avec Dryden et Otway ne saurait donc être acceptée que

---

1. Tragédie d'Otway.
2. Dryden.

d'une manière générale, et toute réserve faite pour le caractère de Rotrou.

Dans des STANCES A UN AMI [1], *Rotrou rappelle ses péchés de jeunesse à celui qui en avait été le complice, et il affirme que le souvenir de ces jours criminels lui offense cruellement la mémoire. On pourrait même inférer des expressions dont il se sert que Rotrou, à l'époque où il écrivait ces vers, s'était converti à une vie religieuse, peut-être à l'exemple de Corneille* [2]. *Rotrou nous apprend dans la même poésie que sa renommée littéraire lui avait fait des amis à la Cour; mais il haïssait d'entrer dans les carrosses des grands et préférait à leur compagnie l'indépendance et la solitude. Aussi l'accusait-on de peu de complaisance. En revanche il paraît avoir eu à un haut degré le sentiment de l'amitié. Ces stances mêmes en sont une preuve. Nous ignorons à qui elles étaient adressées.*

Comme auteur dramatique, Rotrou est avant tout poète. Ce qui caractérise son œuvre prise dans son ensemble, c'est une flamme vagabonde de poésie qui court au travers : poésie amoureuse, héroïque, religieuse ; poésie de l'imagination et de l'esprit, sans grande profondeur, mais parfois d'une singulière élévation. Partout où s'offre à lui, soit dans l'histoire, soit dans la fable ou le roman, un sujet qui prête à des développements poétiques,

---

1. Citées par M. Didot dans la *Nouvelle Biographie générale*.
2. La piété de Corneille est bien connue. Il devait se retirer momentanément du théâtre, l'année même de la mort de Rotrou, pour se livrer par dévotion à la traduction de l'*Imitation*.

il y court, s'en saisit, s'en empare comme de son bien pour le traiter à sa manière. Ni les caractères ni le mœurs ne sont ce qui le préoccupe; mais ce qu'il cherche, ce sont les situations singulières, les sentiments tendres ou héroïques, les jeux d'esprit, les belles sentences et les belles images. Il ne creuse pas, il effleure, il se joue à travers les choses comme l'abeille au sein des fleurs (la rose revient souvent dans sa poésie), ou court comme la Camille de Virgile sur la pointe des épis sans les courber. Génie aimable, aventureux, inégal, parfois languissant et négligé, parfois prétentieux et outré; se traînant d'un pas indolent ou s'élançant d'un bond hardi, les reins ceints, la tête couronnée! La douceur en fait le fond d'où s'échappent, comme des éclairs, des traits passionnés et énergiques, d'où s'élèvent des élans généreux vers l'idéal et le sublime. On pourrait définir Rotrou une âme aimante portée par l'enthousiasme à l'héroïsme et à la grandeur.

Dans l'assemblée idéale des poètes dramatiques, Rotrou se place à côté et au-dessous de Corneille. Comme les Dioscures de l'art, ils se lèvent ensemble sur le même horizon et mêlent leurs clartés fraternelles. L'astre de Corneille est plus grand et plus brillant, il monte aussi plus haut dans le ciel; mais, quel qu'en soit l'éclat, il n'éclipse pas pourtant l'étoile plus humble et plus enveloppée de nuages de son frère jumeau. Rotrou disparaît d'autant moins devant Corneille, qu'il s'est lui-même incliné devant lui; son admiration enthousiaste ne nous semble pas seulement un trait de son caractère généreux, mais encore un trait de son génie qui le rapproche du génie de Corneille. En saluant le premier l'auteur du Cid, il s'est fait une part dans sa gloire et a pour jamais uni son nom à celui du grand maître de notre scène

L. DE RONCHAUD

HERCULE MOURANT

TRAGEDIE

A MONSEIGNEUR

MONSEIGNEUR L'EMINENTISSIME CARDINAL

DUC DE RICHELIEU

MONSEIGNEUR,

Il auroit esté advantageux à Hercule que vos gardes luy eussent dénié l'entrée de vostre cabinet, ils luy auroient espargné la honte de trembler et de rougir, tout deïfié qu'il est, luy qui n'estant encor que mortel ne sceut jamais cognoistre la pœur. Il s'oublie soy-mesme à l'abord de Vostre Eminence, et recognoist, Monseigneur, que vous faictes aujourd'huy l'histoire dont il n'a fait que la fable; mais vous l'avez flatté d'une esperance capable de le r'asseurer, et vous abbaissez si courtoisement les yeux sur les choses qui sont au dessous de vous, que sa honte est desja passée, et qu'il prefere à son immortalité l'honneur qu'il va recevoir de vivre chez vous. Je supplie tres-humblement Vostre Eminence, Monseigneur, de souffrir qu'il vous parle de moy, et d'agréer les adorations de la moindre mais de la plus passionnée de vos creatures. C'est tout ce que je demande à ma fortune que d'estre souffert de Vostre Eminence en cette qualité, et c'est le bien sans lequel je renoncerois à tous les autres. Ce ne luy sera pas un petit ouvrage, veu le peu que je suis et que je vaux. Mais, Monseigneur, si je n'ay pas assez de merite, vous avez assez de bonté, et vous estes trop genereux pour m'oster jamais l'incomparable faveur que vous m'avez continuée depuis trois ans de permettre que je me qualifie,

  MONSEIGNEUR,

    De Vostre Eminence,

       Le tres-humble, tres-obeïssant
       et tres-obligé serviteur,

           Rotrou.

A MONSEIGNEUR

L'EMINENTISSIME CARDINAL

DUC DE RICHELIEU

ODE

Filles à Richelieu si cheres,
Muses, chastes sœurs du Soleil,
Priez cet astre sans pareil
D'ouvrir l'oreille à mes prieres.
En cette agreable saison
Où les fleurs rompent la prison
De l'element qui les enserre,
Il peut faire, par ses chaleurs,
A mon esprit comme à la terre
Produire de nouvelles fleurs.

Ses forces ne sont pas bornées
Par les estez et les hyvers,
Il n'est pas moins pere des vers
Que des saisons et des années.
Sa vertu s'estend plus avant
Qu'à donner des joüets au vent
Et faire des fleurs et des herbes.
C'est elle qui faict les metaux;

ODE.

Et les Ronsards et les Malherbes
Se content parmy ses travaux.

Mais toy, grand demon de la France,
Autre soleil de nostre temps,
Qui donnes d'un si beau printemps
Une si parfaicte esperance,
Richelieu, rare effort des Cieux,
Juste estonnement de ces lieux,
Si tu daignes prendre la peyne
De jetter un regard sur moy,
Quel Apollon peut à ma veyne
Estre plus Apollon que toy?

Pour toy, grand duc, elle est ouverte,
C'est pour toy qu'elle veut couler;
Ma nef, commençons de cingler,
Puisque nostre Ourse est descouverte.
Je sçay bien que sur cette mer
Il est malaisé de ramer :
Aussy n'est-il point de voyage
Qui merite un si grand effort,
Et nous ferons un beau naufrage,
Ou nous trouverons un beau port.

Tel qu'on voit en son ecliptique
Le brillant prince des saisons,
Le long de ses douze maisons
Continuant sa course oblique
(Quoy que son char n'arreste point),
Ne passer d'un pas ny d'un point
Les espaces de sa carriere,
Et recevoir si constamment
Du lieu d'où luy vient sa lumiere
Les regles de son mouvement.

Tel on voit ton sçavant genie
Au service de nostre roy
Conduire d'une esgale foy
Toutes les choses qu'il manie.

ODE.

*On ne voit sa sincerité
Gauchir d'un ny d'autre costé,
Quoy que jamais il ne repose,
Et dans ses travaux inouys
L'unique but qu'il se propose
Est la volonté de Louis.*

*Tes pas restraints en ces limites
Ne sçavent point d'autre sentier ;
Là tu mets ton esprit entier,
Là tu bornes tous tes merites.
Là sont par les difficultez
Tes hauts desseins sollicitez ;
Là ton ardeur rompt touts obstacles,
Et produit de si grands effets,
Que qui ne croit point aux miracles
Doit douter de ce que tu faits.*

*Ceux qu'on a veu de nostre barque
Devant toy regir le timon
Ont aussy peu laissé de nom
Que leur vertu laissa de marque.
Ou leur zele s'est trouvé faux,
Ou leur sçavoir eut des defaux,
Et tous ont joint si peu de gloire
A la beauté des fleurs de lys
Qu'ils furent, eux et leur memoire,
En mesme jour ensevelys.*

*Mais, Armand, loing de complaisance,
Quels eloges n'ont merité
Et ton extreme probité
Et ton extreme suffisance ?
Jusqu'où n'a-t'on veu ton ardeur
De nos lys estendre l'odeur,
Et qui de leurs tiges sacrées
Peut si loing que toy repousser
L'insolent souffle des Borées
Qui taschent de les renverser ?*

ODE.

O combien du siecle où nous sommes
Seront de siecles envieux!
Sois-tu de la race des dieux,
Ou sois-tu de celle des hommes,
Que les grands succez de tes soins
Ont d'irreprochables tesmoins!
Que ta gloire est haut establie!
Et que le vieux pere des ans,
Avant qu'il face qu'on t'oublie,
Devorera de ses enfans!

Je sçay bien que nos maladies
N'ont pas encor atteint leur fin,
Et que nostre mauvais destin
Medite encor des tragedies.
Mais, si tu nous veux conserver,
Il ne les sçauroit achever,
Et, quelque mal qui nous assaille,
Nous ne pouvons avec raison
Où tel Esculape travaille
Douter de nostre guerison.

Il n'est force qui ne succombe
Quand elle nous voudra heurter:
Quelque foudre peut esclater,
Mais tu ne crains pas qu'elle tombe.
Outre que nos moindres guerriers
Sont couverts de trop de lauriers
Pour apprehender le tonnerre,
Les grands appareils que tu faicts
Sont des menaces à la guerre
Du proche retour de la paix.

Quel plus beau sejour que la France
Alors pourra charmer les yeux!
Et combien luy viendra des cieux
Et de repos et d'abondance!
L'Hyver, courant d'un pas leger,
De peur de la desobliger,
N'y tiendra qu'un mois son empire.

ODE.

Aprés renaistront les beaux jours,
Et nous verrons cinq mois Zephire
En l'entretien de ses amours.

De l'or d'une perruque blonde
La terre en fin se parera,
Toute grosse qu'elle sera
De l'aliment de tout le monde ;
Et, lors que pour se soulager
Elle se voudra descharger,
Nous n'aurons arbre ny javelle
D'où ne tombent tant de tresors,
Qu'à peyne encor soustiendra-t'elle
Tout ce qu'elle aura mis dehors.

Bien-tost de tes ardentes veilles
Nous naistra ce siecle doré,
Où tu seras consideré
Comme autheur de tant de merveilles.
Lors d'un long bruit en ta faveur,
Poussé d'une sainte ferveur,
Ta litiere sera suivie,
Et, si le Ciel entend nos vœux,
Il te conservera la vie
Pour le siecle de nos neveux.

O toy, puissance tutelaire,
Qui, mise de la main de Dieu
A la garde de Richelieu,
Portes le flambeau qui l'esclaire,
Saint ministre qui tiens chez luy
La mesme place qu'aujourd'huy
Il occupe en cette province,
Sauve-le de tout accident,
Puis qu'il n'est mal-heur où mon prince
Peust tant perdre qu'en le perdant.

ROTROU.

ACTEURS.

HERCULE.
DEJANIRE, femme d'Hercule.
IOLE, maistresse d'Hercule.
LUSCINDE, suivante de Dejanire.
ARSIDÉS, esclave d'Arcas.
ARCAS, amy d'Iole.
PHILOCTETTE, } confidens d'Hercule.
AGIS, }
ALCMENE, mere d'Hercule.
LICHAS, valet de Dejanire.

HERCULE

MOURANT

ACTE PREMIER

SCENE PREMIERE

HERCULE.

Puissant moteur des cieux, ferme appuy de la terre,
Seul estre souverain, seul maistre du tonnerre,
Gouste enfin, roy des dieux, le doux fruict de mes faits,
Qui par tout l'univers t'ont estably la paix;
J'ay d'entre tes subjects la trahison banie,
J'ay des rois arrogans puny la tyranie,
Et rendu ton renom si puissant et si beau
Que le foudre en tes mains n'est plus qu'un vain fardeau.
Des objects de ton bras le mien est l'homicide,
Et tu n'as rien à faire aprés les faits d'Alcide;

Tu n'as plus à tonner ; et le ciel toutefois
M'est encor interdit aprés tous ces exploicts.
Paroy-je encor un fils indigne de mon pere ?
Junon n'a-t'elle pas assouvy sa colere ?
N'a-t'elle point assez, par son aversion,
Fait paroistre ma force et mon extraction ?
N'ay-je pas souz mes loix asservy les deux poles ?
Et celuy dont le ciel charge tant les espaules,
Et sur qui ce fardeau repose pour jamais,
Ne me peut-il porter avec ce rude fais ?
Ainsi que mes exploicts, rends ma gloire parfaite ;
La Parque t'a remis le soin de ma defaite,
Et, de quelques efforts qu'elle attaque mes jours,
L'impuissante qu'elle est n'en peut borner le cours
L'air, la terre, la mer, les infernales rives,
Laissent enfin ma vie et mes forces oysives ;
Et, voyant sans effect leurs monstres abbatus,
Ces foibles ennemis n'en reproduisent plus.
Pere de la clarté, grand astre, ame du monde,
Quels termes n'a franchis ma course vagabonde ?
Sur quels bords a-t'on vû tes rayons estalez
Où ces bras triomphans ne se soient signalez ?
J'ay porté la terreur plus loing que ta carriere,
Plus loing qu'où tes rayons ont porté ta lumiere.
J'ay forcé des païs que le jour ne voit pas,
Et j'ay veu la nature au delà de mes pas.
Neptune et ses tritons ont veu d'un œil timide
Promener mes vaisseaux sur leur campagne humide.
L'air tremble comme l'onde au seul bruit de mon nom
Et n'ose plus servir la haine de Junon.
Mais qu'en vain j'ay purgé le sejour où nous sommes,
Je donne aux immortels la peur que j'oste aux hommes !

Ces monstres, dont ma main a delivré ces lieux,
Profitent de leur mort et s'emparent des cieux.
Le Soleil voit par eux ses maisons occupées,
Sans en estre chassez ils les ont usurpées.
Ces vaincus, qui m'ont fait si celebre aux neveux,
Ont au ciel devant moy la place que j'y veux;
Junon, dont le courroux ne peut encor s'esteindre,
En a peuplé le ciel pour me le faire craindre.
Mais, qu'il en soit remply de l'un à l'autre bout,
Leurs efforts seront vains, ce bras forcera tout.
D'une seule beauté le pouvoir redoutable
Oste à ce cœur si grand le titre d'indomptable.
Iole seulement le pouvoit asservir,
Et ce lasche à ce nom d'aise se sent ravir.
Allons voir si le temps ne l'a point resoluë
A rendre par ses vœux ma conqueste absoluë,
Et si je dois en fin... Mais que mal à propos
Cet object importun vient troubler mon repos!

SCENE II.

DEJANIRE, HERCULE.

Dejanire.

Enfin Iole est vostre, et ses caresses prestes
De gloire et de plaisir vont combler vos conquestes;
Iole glorieuse attend, les bras ouverts,
Ce heros qui souz soy fait trembler l'univers.
Le servage est pour elle une heureuse victoire,

Son païs déconfit altere peu sa gloire,
Et, voyant par vos mains ses parens expirer,
Elle songe bien plus à vous voir qu'à pleurer.
Elle a vû sans regret sa province deserte;
Elle aimoit le vainqueur et mesprisoit sa perte.

HERCULE.

Jamais perte aux vaincus n'a tant cousté de pleurs;
Son esprit fut troublé, son teint perdit ses fleurs,
Et jamais une mort ne fut tant regrettée
Qu'Iole a regretté la perte d'Euritée.

DEJANIRE.

Mais combien de transports ont suivy ses regrets!
Combien elle a pour vous poussé de vœux secrets!
Qu'elle a baisé de fois ceste main qui l'enchaisne,
Et de combien sa joye a surpassé sa peine!

HERCULE.

Que vos jaloux soupçons offensent sa vertu!
Un fort ne se rend point qui n'est point combattu.
Jamais d'un seul regard, jamais d'une parole
Je n'ay sollicité les caresses d'Iole.
Ostant à ses parens la lumiere du jour,
J'ay vangé mon honneur, et non pas mon amour.
Je ne vous l'ay nommée aimable ny charmante;
Je la meine en captive, et non pas en amante.

DEJANIRE.

Quel timide respect à vostre amour est joint!
Ce qui vous plaist est juste et vous ne faillez point.
Vous celez sans sujet cet aimable servage,
Et le desguisement trahit vostre courage.
Quoy! vous n'avoüez pas un amoureux dessein?
Ma curiosité vous met la peur au sein;
Et ce que n'ont pas fait tous les monstres du monde,

Ce qu'ont en vain tenté l'enfer, la terre et l'onde,
De mettre en vostre esprit le moindre estonnement,
Une femme le fait, et si facilement !
Contentez, grand heros, vostre amoureuse envie,
Et ne contraignez point une si belle vie ;
Hercule oblige trop de n'aimer qu'en un lieu ;
Pour un object mortel, c'est trop qu'un demy dieu ;
C'est trop que jusqu'à nous Hercule se ravalle ;
Et, que je le partage avec une rivalle,
Quelque nouvel object qui le puisse toucher,
Hercule divisé m'est encore trop cher.

HERCULE.

Cruelle, pour tesmoins de mon amour extresme,
Je t'offre seulement tes attraicts et toy mesme ;
Ces traits de tant d'amans autre-fois reverez,
Que toute l'Oetolie a naguere adorez,
Et qui blessent encor tant d'ames estrangeres,
Penses-tu qu'ils m'ayent fait des blessures legeres,
Et qu'on puisse guerir de l'aimable tourment
Que tes yeux ont fait naistre en l'esprit d'un amant ?
Non, perds ces faux soupçons et que ta crainte meure ;
Cependant, mon soucy, soigne que dans une heure
Cet holocauste pur que je choisis hier
Soit conduit à l'autel prest à sacrifier ;
Lichas y portera l'ornement necessaire
A parler et paroistre à l'aspect de mon pere.
L'Oetolie à la fin soubmise à mon pouvoir,
Et son tyran deffaict, m'oblige à ce devoir.

(Il s'en va.)

DEJANIRE, seule.

Ha, traistre ! ha, desloyal ! que d'une vaine feinte
Tu me veux deguiser le sujet de ma crainte !

Non, non, je ne suis plus cet object si charmant
Qui força l'inconstance à l'aimer constamment,
Qui fit d'un infidelle un amant veritable,
Qui s'acquit sur tes sens un pouvoir redoutable,
Qui te fut preferable au reste des humains,
Et qui fit contre Nesse armer tes fieres mains.
Le temps, qui forme tout, change aussi toutes choses ;
Il flestrit les œillets, il efface les roses,
Et ces fleurs dont jadis mon visage fut peint
Ne sont plus à tes yeux qu'un triste et pasle teint.
Iole a sur le sien l'ornement necessaire
A faire de ton cœur un lasche tributaire.
L'aage luy laisse encor les appas que tu veux,
Et sa jeunesse enfin me dérobe tes vœux ;
Mais son espoir est vain, et le cours de cet aage
Qui m'oste des attraits me laisse du courage.
Si ma force n'est vaine en ceste occasion,
Je paroistray ta femme à ta confusion ;
Ta vie, en la fureur dont j'ay l'ame enflamée,
Trame un pire lyon que celuy de Nemée,
Et ma jalouse humeur t'est un monstre plus fort
Que tous ceux dont tes bras ont accourci le sort.

SCENE III.

HERCULE, IOLE.

HERCULE, *appuyé sur les genoux d'Iole,
qui travaille en tapisserie.*
Qu'avec moins de travail les mains de la nature
Ont bien mis sur ton teint de plus douces peintures!
Attends qu'au naturel je figure ces lys
Dont elle a ton beau sein et ton front embellis ;
Que tu serois charmée, et qu'en ce beau visage
Je prendrois le dessein d'un agreable ouvrage !
Si je gaste ces fleurs, tu les peux corriger,
Ton aiguille à mes doigts est un fais bien leger ;
Mais ne t'oppose point à ce jeune caprice,
Qu'ils ayent avec tes mains un commun exercice,
Ou, si ce passe-temps, mon cœur, t'est importun,
Que nos yeux ayent au moins un passe-temps commun;
Responds d'un peu d'amour à l'ardeur qui m'enflame,
Et rends moy les regards que te porte mon ame;
Cruelle! Hercule icy reclame ton pouvoir,
Et tes yeux inhumains dédaignent de le voir.
Qu'un regard seulement!

    IOLE.

      O requeste severe!
De quel œil puis-je voir le meurtrier de mon pere?
J'ay veu, cruel, j'ay veu ce cher corps que je plains
Tomber dessouz l'effort de vos barbares mains;
Je l'ay veu souz vos coups estendu sur la terre,

Finir ses tristes jours et cette injuste guerre.
Heureuse si nos corps n'eussent eu qu'un cercueil,
Si nous n'eussions tous deux causé qu'un mesme deuil !
Hercule.
J'ay plaint à ton sujet le succés de mes armes ;
Mais de ton propre mal n'accuse que tes charmes :
Iole a fait le meurtre, et son mal-heur est tel
Qu'elle a seule en son sein porté le coup mortel ;
Iole, qu'il nioit à ma juste requeste,
Fut l'object et sera le prix de ma conqueste ;
Parce que j'aimois trop, je fus un peu cruel,
Et ta seule beauté causa nostre duel.
Iole.
O cruelle beauté ! trompeuse ! image vaine !
Que le Ciel m'a venduë au prix de tant de peine,
Quelle misere encor me dois-tu procurer,
Et combien de mal-heurs ay-je encor à pleurer ?
Hercule.
Tu seras plus contente estant plus amoureuse.
Quoy ! possedant Hercule, Iole est malheureuse !
Et, tenant dans ma couche un legitime lieu,
Elle regrettera d'estre fille d'un dieu !
Iole.
Moy, la fille d'un dieu ! Non, non, que Dejanire
Sur vos affections conserve son empire ;
Ne traittez qu'en captif ce miserable corps
Dont la fausse apparence a causé tant de morts ;
Troublez ces yeux d'effroy, chargez ces mains de chaisnes,
Et que chaque moment renouvelle mes peines ;
Aprés un siecle entier d'ennuis et de prison,
Ordonnez moy le fer, la flame et le poison.
Je ne murmure plus du mal qui me consume,

Mais vos plus doux baisers auroient de l'amertume;
Baiser de mon païs l'injuste conquerant,
Caresser l'assassin de mon plus cher parant,
Et, sans que mes esprits incessamment s'alterent,
Sentir entre mes bras les bras qui l'estoufferent;
Non, non, prieres, pleurs, force ny cruauté,
Ne peuvent m'obliger à cette lascheté.

HERCULE.

N'excite point, cruelle, un courroux legitime
Qui ne distingueroit innocence ny crime,
Et croy que me déplaire est le pire peché
Dont jamais ton esprit pourroit estre taché.
Quoy! toute chose cede à ma force indomptée,
Les lyons les plus forts ne l'ont pas evitée,
Et je ne pourrois pas amolir ta rigueur?
Et je recognoistrois un si foible vainqueur?
Je nourrirois sans fruict le brasier qui me brusle,
Et l'on diroit : « Iole a triomphé d'Hercule! »
Non, non, de ta beauté mon cœur sera le prix;
Mais, cedant aux attraits, je vaincray les mespris.

IOLE.

Le plus fier ennemy, quelqu'ardeur qui l'enflame,
Dompte mal-aisément ce qui dépend de l'ame;
Un tyrannique empire et d'injustes efforts
Ont sousmis à vos loix ce miserable corps.
Mais, sous quelque tyran que ce captif respire,
Un heureux desespoir en peut oster l'empire;
Mourant, il peut franchir ceste barbare loy,
Et, s'il ne s'aime pas, il est maistre de soy.

HERCULE, *à genoux.*

Ha! voila rebuter d'un mespris trop severe
Celuy qui t'aime seule et seule te revere!

Pardonne, belle Iole, à mon affection
Ceste mauvaise humeur et cette émotion ;
Sois moy cruelle, ingratte, inhumaine, farouche,
L'amour peut arracher quelques mots de ma bouche,
Je puis bien d'injustice accuser tes appas,
Mais de t'outrager plus, Hercule ne peut pas.
Le Ciel dessus mon chef respande le supplice
Dont te peut menacer mon aveugle caprice,
Mon pere en cet instant me voye avec horreur,
Et relance sur moy les coups de ma fureur.

Iole.

Destournez donc ailleurs ceste flame lascive
Et ne croyez avoir en moy qu'une captive,
Puisque vos traittemens, ou rigoureux ou doux,
Ny le temps qui peut tout, ne peuvent rien pour vous.

Hercule.

Je vaincray ta rigueur par d'invincibles armes,
Hercule s'instruira de l'usage des larmes ;
Hercule en mesme temps sçaura vivre et mourir,
Et s'oublîra soy-mesme afin de t'acquerir.

SCENE IV.

DEJANIRE, IOLE, HERCULE.

Dejanire.

Quel signe en faut-il plus ? le voila, le perfide
Sur qui si puissamment une esclave preside ;
J'ay trop, helas ! j'ay trop leurs secrets recognus,
J'ay surpris ce grand Mars avecque sa Venus.

ACTE I, SCENE IV.

HERCULE.

O la femme importune !

DEJANIRE.

Adieu, ma compagnie
Ne vous apporte pas une joye infinie ;
L'amour est avec vous, et cet enfant honteux
N'aime pas les tesmoins et se taist devant eux.

HERCULE.

Il est vray, mais au moins voy devant ta sortie
Quelle ame de ces yeux se seroit garantie ?
As-tu veu des vainqueurs plus dignes de regner,
Et pourquoy la raison se deust moins espargner ?
Voy comme sans parler cette agreable bouche
Appelle mes baisers et dit que je la touche !
Voy que sur ce beau sein les lys à peine esclos
Accusent cette main d'un stupide repos !
Voy si tu dois tenir ma deffaite douteuse
Et si la continence icy n'est pas honteuse,
Si je dois tant souffrir prés d'un si beau secours.

DEJANIRE, *s'en allant.*

Madame est plus charmante encor que vos discours.

HERCULE.

Adieu, plains-toy, jalouse, et de cette advanture
Accuse, si tu veux, le Ciel et la nature ;
Appelle lâcheté, foiblesse, trahison,
L'agreable tourment qui trouble ma raison ;
Je suis traistre, volage, inconstant, infidelle,
Je suis ce qu'il te plaist, mais j'aime ceste belle.
Hercule est glorieux de sa captivité,
Et sous de si beaux fers il hait sa liberté.

IOLE.

D'où naist mal à propos cette inutile peine

Qui mettra parmy vous la discorde et la haine ?
Usez, brave heros, de vostre authorité
Contre ces ennemis de vostre liberté.
Arrachez de ces mains les yeux qui vous captivent.
Laissez vous du repos à ceux qui vous en privent ?
Perdez ce qui vous perd, pourquoy differer tant ?
Ordonnez que je meure, et vous vivrez content.

Hercule.

Le temps et les devoirs rendent enfin traictable
La plus farouche humeur et la plus indomptable.

Iole.

Le temps et les devoirs, employez vainement,
Joindroient à vos regrets la honte seulement.

Hercule.

Le plus ferme souvent manque à ce qu'il propose,
Et la force au besoin m'obtiendra toute chose.

Iole.

Ma mort peut empescher ce honteux accident,
Et le desesperé se sauve en se perdant.

Hercule.

Quel mal-heur m'a rendu ton humeur si severe ?

Iole.

La perte d'Oechalie et la mort de mon pere.

Hercule.

Ingrate, dy plustost la perte de ton cœur.
Arcas te le ravit, Arcas en est vainqueur,
Et la foy que je veux, ce captif l'a receuë.
Mais appren en deux mots quelle en sera l'issuë :
Demain, si je n'obtiens la faveur que je veux,
J'immole à mon courroux cet object de tes veux ;
Ce beau fils, ce mignon, ton ame et tes delices,

A tes yeux esgorgé, payera mes services.
Consulte là-dessus.

              IOLE, *seule*.
         O rage ! ô cruauté !
Quel advis dois-je suivre en ceste extremité ?

ACTE II.

SCENE PREMIERE.

LUSCINDE.

Dieux! que la jalousie en un jeune courage,
Alors qu'on aime bien, est une extreme rage!
L'Affrique en ses deserts ne presente à nos yeux
Rien de si redoutable et de si furieux.
Si tost que ce jeune astre aux regards de la reyne
Exposa sa clarté si belle et si seraine,
Aussi tost qu'à ses yeux Iole se fit voir;
Bien loing de se contraindre et de la recevoir,
Avec bien plus de cris et bien plus enragée
Que Niobe autrefois sur la rive d'Ægée, 10
Par son geste confus figurant son tourment,
Elle a tous nos esprits saisis d'estonnement.
Elle court sans dessein, et sa course rapide
Cent fois a fait trembler tout le palais d'Alcide.
Elle renverse tout, rompt tout, et souz ses pas
La maison est estroite et ne luy suffit pas.

Sa pasleur fait juger du mal qui la possede,
La rougeur tost aprés à la pasleur succede ;
Elle verse des pleurs, et dans le mesme instant
Du feu sort de ses yeux qui les seiche en sortant. 20
En diverses façons son visage s'altere,
De moment en moment de soy-mesme il differe.
Elle plaint, elle crie, et par-tout sa fureur
Excite la pitié, la tristesse et l'horreur.
Mais on ouvre ; c'est elle : ô dieux ! de quelle sorte
Elle court furieuse où sa rage la porte !

SCENE II.

DEJANIRE, LUSCINDE.

DEJANIRE, *furieuse*.
D'où que de tes rayons les cieux soient éclairez,
Quelqu'endroit où tu sois en ces champs azurez,
Espouse de Jupin, contente ma colere,
Ton interest est joint à ma juste priere. 30
O Junon ! perds ce traistre, envoye un monstre icy,
Qui, te satisfaisant, me satisfasse aussi.
S'il est quelque serpent, horrible, espouvantable,
Capable d'estouffer ce vainqueur redoutable,
Et qu'à ceste action tu puisses provoquer,
Qu'il vienne, qu'il paroisse, et qu'il l'aille attaquer.
Ou, s'il n'est point de monstre assez fort pour ta haine,
Fais moy capable d'estre et son monstre et sa peine ;
Change, si tu peux tout, ma figure, et ren moy

Telle qu'on peint l'horreur, et la rage, et l'effroy. 40
Pourquoy perds-tu du temps à tirer de la terre
Un monstre necessaire à luy faire la guerre?
Pourquoy dans les enfers cherches-tu sans effect
Tout ce qu'ils ont de pire et ce qu'il a deffait?
Si je porte en mon sein de quoy te satisfaire
Et si j'ay là dedans sa Parque et son Cerbere,
Tu trouveras en moy les armes qu'il te faut,
Prepare seulement mon bras à cet assaut;
Qu'une fois ceste main te soit officieuse,
Sers toy d'une enragée et d'une furieuse. 50
Inspire moy, deesse, et m'enflame le sein,
Seconde ma fureur en ce juste dessein.

LUSCINDE.

Madame, au nom d'Hymen et par ses flames saintes,
Moderez vos ennuis et reprimez ces plaintes;
Laissez à ces transports succeder le repos,
Paroissez Dejanire et femme d'un heros.

DEJANIRE.

Qu'Hercule me trahisse, et qu'Iole me brave!
Qu'une jeune effrontée, une insolente esclave
Dont le pere a suivy ses peuples deconfits,
Vienne en ce lieu donner des freres à mes fils, 60
Et, pour avoir charmé les yeux de ce perfide,
Soit fille de Jupin et compagne d'Alcide!
Non, non, je luy vendray mon honneur cherement,
Ou je destourneray ce triste evenement.
Qu'il dispose des cieux et des enfers ensemble,
Qu'au seul bruit de son nom toute la terre tremble,
Il excite en mes sens une rebellion
Pire que ses serpents, son hydre et son lyon.
Une captive, ô dieux! partagera ma couche!

ACTE II, SCENE II.

Soüillé de ses baisers, il faut que je le touche ! 70
Il faudra que je perde ou divise son cœur,
Et les yeux d'une esclave ont vaincu ce vainqueur !
Quand les monstres laissoient sa valeur endormie,
Voila qu'il se presente une pire ennemie ;
Une seule captive en pouvoit triompher
Et fait plus que le ciel, et la terre, et l'enfer.
Il ne daigne à mes yeux cacher sa perfidie,
Et peut-estre en son cœur desja me repudie.
O cruel desespoir ! ô sensible tourment
Qui ne peut inventer un trop dur châtiment ! 80
C'est trop deliberer, imagine une peine
Horrible, espouvantable, incroyable, inhumaine ;
Que de toy Junon mesme apprenne à se vanger,
Et comment d'un grand mal on se doit soulager.

LUSCINDE.

Dieux ! que proposez-vous ? quel crime espouvantable !
D'une telle fureur vostre esprit est capable ?
En quels lieux incognus ou du ciel ou du sort
Cacheriez vous le bras autheur de cette mort ?
Où vous souffriroit-on, si chacun le revere ?
Et que feroit le foudre en la main de son pere ? 90

DEJANIRE.

Ma peur ne rendra pas ce perfide impuny ;
Si mon forfait est grand, mon mal est infiny.

LUSCINDE.

Le plus desesperé, voyant la mort, recule,
Et vous mourriez, Madame.

DEJANIRE.

Ouy, mais femme d'Hercule,
Et mon œil, de mes pleurs à chaque heure moüillé,
Ne verra pas mon lict honteusement soüillé.

J'esteindray de son sang avec ses sales flames
Les torches de l'hymen qui joignit nos deux ames.
S'il redoute l'effect du dessein que je faits,
Qu'il adjouste ma mort au nombre de ses faits,
Qu'il croisse de ma perte encor sa renommée,
Qu'au rang de ses vaincus sa femme soit nommée !
Ces membres denuez de sang et de vigueur,
Mourant, embrasseront la couche du vainqueur;
Pourveu que cette esclave expire à la mesme heure,
Je mourray sans regret pourveu qu'Iole meure ;
On se perd doucement quand on perd ce qu'on hait,
Et qui tuë en mourant doit mourir satisfait.

LUSCINDE.

Hercule peut aymer cette jeune estrangere,
Mais brusler seulement d'une flamme legere.
Pour combien de beautez a-t'il eu de l'amour !
Et pour combien aussi n'en a-t'il eu qu'un jour !

DEJANIRE.

Sa main peut en cent lieux mespriser sa conqueste,
Mais ayant bien couru quelqu'une enfin l'arreste;
Ayant pour l'acquerir tant d'efforts entrepris,
Croy, croy, que ce vainqueur conservera son prix.
A ses plus douces nuicts Iole est destinée,
Si je ne diverty ce fatal hymenée.

LUSCINDE.

Imaginons d'ailleurs un salutaire effet
Qui dispense vos mains de tenter ce forfait ;
Destournons le dessein où son ardeur le porte,
Ruinant par magie une amitié si forte.
Je cognois un vieillard dont les secrets divers
Ont fait naistre des fleurs au milieu des hyvers ;
Il trouble l'Ocean, il fait trembler la terre,

ACTE II, SCENE II.

Il peut d'un mot dans l'air arrester le tonnerre ;
Il fait de cent rochers mouvoir les vastes corps ;
Il brise des cercueils et fait parler les morts.
Dessus tous les demons sa science preside,
Et ses enchantemens pourront toucher Alcide. 130

DEJANIRE.

Ha! quelle arme, Lucinde, et quel charme assez fort
Peuvent sur son esprit faire un utile effort ?
Il ne peut par ses vers finir mon infortune
Quand il pourroit du ciel faire tomber la lune,
Et, pour faire un miracle à nul autre pareil,
De son oblique cercle arracher le soleil.
Mais apprend un secret...

LUSCINDE.

Quel ?

DEJANIRE.

Que je te vay dire,
Et que dans ce besoin mon souvenir m'inspire.

LUSCINDE.

Dittes.

DEJANIRE.

Escoute ; mais c'est en ceste action
Que tu dois m'asseurer de ton affection. 140

LUSCINDE.

Madame, usez en tout de toute ma puissance,
Quand je pourray pour vous l'employer sans offence.

DEJANIRE.

Escoute : souz le temple, un peu loing du palais,
En un lieu que le jour ne visite jamais,
Vaste, sombre et profond, j'ay caché le remede
Qui peut seul alleger le mal qui me possede.
Le sang d'un monstre affreux qu'Hercule a combatu,

Conservé dans sa corne, aura ceste vertu.
LUSCINDE.

De quel monstre ?
DEJANIRE.

De Nesse; appren quelle advanture
De ce fameux centaure a purgé la nature. 155
Un jour, gaye et l'esprit plus content que jaloux,
Je suivois en Argos cet infidele espoux,
Quand, pensant approcher ce rivage d'Evéne,
Ce fleuve débordé couvroit toute la plaine.
Nesse, qui s'y trouva, nous voyant consulter,
Se vint en ce besoin offrir à me porter.
Il me met sur sa croupe, où sa course rapide
Me rend à l'autre bout et m'esloigne d'Alcide.
Là ce monstre commence à benir son destin :
« Vous serez, me dit-il, mon prix et mon butin; 160
Ce grand, cet indompté, n'a plus de Dejanire. »
Moy, je crie à ces mots, je pleure, je souspire;
Mais il rit de mes pleurs, et mes gemissemens
N'empeschent point sa course et ses embrassemens.
Hercule, qui nous voit escarter de la rive,
Quoy qu'il ne pût alors oüir ma voix plaintive,
Recognut aisément son lubrique dessein.
Il crie, appelle, court; mais il travaille en vain;
Ce monstre esperoit bien par sa course legere
Eviter les effects de sa juste colere. 170
Enfin, las de nous suivre et le voyant voler :
« Mes traits iront, dit-il, où je ne puis aller,
Ils t'osteront la vie et ce que tu me voles. »
Il eut tiré plustost qu'achevé ces paroles,
Et le monstre, aussi tost blessé mortellement :
« Je ne pouvois, dit-il, mourir plus noblement. »

Là, de ses fortes mains une corne il s'arrache,
Et pleine de son sang : « Tien, me dit-il, et tache
Un de ses vestemens de ce sang precieux,
S'il est jamais blessé d'autres que de tes yeux. 180
Il aura la vertu de te rendre son ame,
Et le fera brusler de sa premiere flame ;
Des mages ont prédit qu'au cœur le plus glacé
Il pourroit... » Là sa vie et sa voix ont cessé.
Il tombe, et ce grand corps couvre un si grand espace
Que six hommes ensemble occupent moins de place.
J'ay gardé ce present, esprouvons s'il est tel,
Moüillons-en l'ornement qu'il doit prendre à l'autel ;
Ce sang, qu'à la couleur il pourroit recognoistre,
N'est plus qu'une eau rougeastre et qui n'y peut paroistre. 190

LUSCINDE.

Essuyez donc ces pleurs et forcez ces souspirs.
Allons, et que le Ciel seconde vos desirs.

SCENE III.

DEJANIRE, IOLE, ARSIDÉS, LUSCINDE.

DEJANIRE.

Dieux ! quel sort inhumain, pour augmenter ma peine,
Presente à mes regards cet object de ma haine ?

IOLE.

Puis qu'à nos maux le Ciel refuse du secours,
Vostre interest, Madame, est mon dernier recours.
Destournez vostre affront, voila ceste captive

Qu'on est venu tirer de sa natale rive
Aux despens de son bien et de tout son bon-heur,
Et peut-estre aux despens mesme de son honneur. 200
Puis qu'Alcide l'attaque avec tant de licence,
Que vous seule pouvez embrasser ma deffence,
Faites qu'Arcas et moy trouvions contre ses coups
Un azile asseuré pour vous mesme et pour nous.
Rougissez de mon sang plustost que de mon crime,
Ou que je sois l'object d'un courroux legitime;
Puis que mes pleurs sont vains et mes cris superflus,
Qu'il me voye en estat de ne luy plaire plus.
Faites sa honte encor et son horreur plus grande,
Vous mesme portez luy ce cœur qu'il me demande; 210
Forcez-le de rougir de sa desloyauté,
Et je seray tenuë à vostre cruauté.

Dejanire.

Tu crois par ces discours, impudente, effrontée,
Prouver que vainement il t'ait sollicitée;
Il te donne des vœux, il daigne de te voir,
Et tu veux sur sa honte establir ton pouvoir;
Tu ne partages pas ceste ardeur qui le brusle,
Il te faut Jupin mesme, et c'est trop peu d'Hercule!

Iole.

O Ciel! peux-tu souffrir les ennuis que je sens,
Si tes yeux sont ouverts dessus les innocents? 220

Dejanire.

O l'innocente humeur! Ame double et traistresse,
Tu portes sans orgueil le nom de sa maistresse,
Et tu n'achetes pas d'un amour infiny
L'honneur de voir ton sort à son destin uny!
Pour une indifferente Alcide se captive!
Il souffre des refus, et sa flame est oysive!

ACTE II, SCENE III.

Ne joins plus, insolente, à l'impudicité
Ces mespris orgueilleux et ceste vanité;
Immole à ce brutal le plus beau de ton aage,
Triomphe à mes despens de cet esprit volage,
Voy ce lasche vainqueur à ton pouvoir sousmis;
Mais ne me fay point voir au moins mes ennemis,
Rends par eux seulement ta victoire certaine,
Tous tes regards ensemble y suffiront à peine.
Ton visage qu'il prise est horrible à mes yeux,
J'appelle mes demons ce qu'il nomme ses dieux.
Nous trouvons ton abord differemment funeste,
Luy comme un doux poison et moy comme une peste.
En ce qui m'espouvante il trouve des appas.

(Elle s'en veut aller.)

IOLE, *pleurant et la retenant.*

Madame!

DEJANIRE, *s'en allant.*

Arreste, infame, et ne suy point mes pas!

IOLE, *seule avec Arsidés.*

O ciel! ô terre! ô dieux! quelle est mon infortune
Que je serve d'object à leur plainte commune!
Je deplais pour trop plaire, et, contre mon souhait,
Je voy que l'un m'adore et que l'autre me hait.
Leur haine et leur amour également m'outrage,
L'une plaint son affront, l'autre plaint son servage.
Tous deux sur mon honneur font un injuste effort;
L'un le veut estouffer, et l'autre le croit mort.
De ma perte dépend leur commune allegeance;
L'un prepare le crime, et l'autre la vengeance.
Iole, triste object et de haine et d'amour,
Entre ces ennemis tu conserves le jour?
Tu differes la fin d'une vie importune

Et n'oses t'affranchir de mille morts par une !
Veux-tu point voir Arcas à tes yeux égorgé ?
Attends-tu qu'en son sein le poignard soit plongé,
Et qu'il soit le butin d'une aveugle puissance,
Non pas pour ses forfaits, mais pour ton innocence ?
Mon honneur seulement causera son trespas,
Et le crime qu'il fait, c'est que je n'en fais pas. 260
Arcas, roy de mes vœux et de mes destinées,
Agreable enchanteur de mes jeunes années;
Qu'ay-je à deliberer en ce peril pressant ?
Visitons, Arsidés, cet esclave innocent.

ARSIDÉS.

Si parmy ses ennuis on le peut recognoistre,
Cet object de vos vœux paroist à la fenestre.
Voila ce beau captif de tant d'yeux adoré.
Comme dans ces prisons son teint s'est alteré !

SCENE IV.

ARCAS, IOLE, ARSIDÉS.

ARCAS.

Est-ce vous, mon soleil ? quelle heureuse nouvelle
Recevray-je aujourd'huy d'une bouche si belle ? 270
Que vient-elle annoncer au mal-heureux Arcas ?

IOLE.

La mort.

ARCAS.

Et qui sera l'autheur de mon trespas ?

ACTE II, SCENE IV.

IOLE.

Moy mesme.

ARCAS.

Advancés donc, agreable meurtriere.
A cet heureux dessein joindray-je la priere?
Que vos beaux yeux soient las de me voir endurer.
C'est prolonger ma mort que de la differer,
Puisque j'ay commencé d'abandonner la vie
Depuis qu'à mon espoir Iole fut ravie,
Depuis que sous Alcide il languit abbatu,
Et qu'un vice puissant tient titre de vertu.
Un tyrannique empire, un grand meurtre, un beau crime,
Une belle injustice establit son estime ;
Toute la Thessalie en parle avec transport,
Non parce qu'il fait bien, mais parce qu'il est fort.
Iole, tirez donc des mains de ce barbare
Celuy qui vous aima d'une amitié si rare.
Executez sur moy ce bien-heureux dessein,
Je baiseray le fer qui m'ouvrira le sein.
C'est ne me perdre pas que me sauver d'Alcide,
Et c'est m'aimer beaucoup qu'estre mon homicide.

IOLE.

N'appelle, cher Arcas, dessein ny cruauté,
Le mal-heureux effect d'une fausse beauté.
Cé vainqueur insolent à sa brutale envie
Veut demain immoler mon honneur ou ta vie ;
Sçachant que pour toy seul je conserve ma foy,
Il croit que ma vertu n'a point d'appuy que toy,
Et qu'elle doit tomber aussi tost que mes larmes
Quand tu rendras l'esprit sous l'effort de ses armes.

ARCAS.

O quel est mon bonheur! qu'en ceste extremité

Ma mort soit une preuve à vostre honnesteté ! 300
Madame, qu'à l'instant de ceste fin sanglante,
De fers ni de bourreaux votre œil ne s'espouvante.
Apprenez par ma force à ne vous plaindre pas,
Songez à ma constance, et non à mon trespas,
Monstrez un grand courage en un mal-heur extreme,
Et voyez mon tourment de mesme œil que moy mesme.

IOLE.

Non, jamais sur ton corps mes yeux ne pleureront,
Et mes mains, cher Arcas, les en dispenseront.
Alcide espere en vain, quelque effort qu'il propose,
Et qui sçait bien mourir sçait vaincre toute chose. 310
Adieu, si par ma mort ce tyran ne se rend
Et si tu dois mourir, nomme Iole en mourant.
Là bas, si je t'ay pleu, mon ame bien plus belle
Te rendra de ses vœux un conte si fidelle
Que tu n'auras object ny plus cher, ny plus beau,
Et que tu beniras mesme nostre bourreau. 316

ACTE III

SCENE PREMIERE.

Le Temple s'ouvre.

HERCULE au temple, PHILOCTETE, AGIS, LYCHAS.

Hercule.

Enfin, maistre d'Iole et vainqueur d'Oechalie,
Où de si dignes faits ont ma gloire establie,
Où comme en tout le monde Hercule est reveré,
Où mesme des vaincus mon nom est adoré,
Mon pere, qui guida mes armes legitimes,
Attend de mon devoir des vœux et des victimes.
Que le taureau soit prest quand j'auray dans les cieux
Poussé le zele sainct d'un cœur devotieux.
Entretenez d'encens ceste saincte fumée
Tant que soit par le feu l'offrande consumée.
 (*A Philoctete.*)
Toy, ceints de ce rameau ton front majestueux,

Et preste à ce devoir un œil respectueux.
PHILOCTETE.
Priez que le repos couronne le merite,
Qu'enfin de vos travaux la borne soit prescrite,
Et que la terre, en vous comprenant tous ses rois,
D'un zele general se range sous vos loix.
HERCULE.
Oyez si mon esprit conçoit une priere
Sçeante dans ma bouche et digne de mon pere.
(Ils se mettent tous à genoux.)
Que ce globe azuré soit constant en son cours,
Qu'à jamais le soleil y divise les jours,
Que d'un ordre eternel sa sœur brillante et pure
Aux heures de la nuict esclaire la nature ;
Que la terre donnée en partage aux humains
Ne soit jamais ingratte au travail de leurs mains ;
Que le fer desormais ne serve plus au monde
Qu'à couper de Cerés la chevelure blonde ;
Qu'une eternelle paix regne entre les mortels,
Qu'on ne verse du sang que dessus les autels ;
Que la mer soit sans flots, que jamais vent n'excite
Contre l'art des nochers le courroux d'Amphitrite,
Et que le foudre en fin demeure aprés mes faits
Dans les mains de mon pere un inutile faix !
(Se levant, il dit :)
Mais quelle prompte flame en mes veines s'allume ?
Quelle soudaine ardeur jusqu'aux os me consume ?
Quel poison communique à ce linge fatal
La vertu qui me brusle ? O tourment sans égal !
Ouvre, enfer, à mes cris tes cavernes profondes,
Preste contre ce feu le secours de tes ondes ;
Souffre Alcide là bas, non pas comme autrefois

ACTE III, SCENE I.

Pour desarmer la Parque et ruiner ses loix,
Mais Alcide souffrant d'insupportables peines,
Et qui porte desja les enfers dans ses veines.
Quoy! ce linge bruslant, à mon corps attaché,
Par mes propres efforts n'en peut estre arraché!
De moment en moment ce poison devient pire!
O rage! ô desespoir! ô sensible martyre!

PHILOCTETE.

Quel est cet accident?

HERCULE.

Toy, funeste porteur
De ce present fatal, apprend moy son autheur.
De qui l'as-tu receu?

LYCHAS.

Je le tiens de la reine.

HERCULE.

Ta mort sera ton prix, lâche object de ma haine;
Un traistre ne pourra se vanter un moment
D'avoir fait endurer Alcide impunément.

*(Il prend sa massuë et court aprés Lychas
Agis le suit.)*

PHILOCTETE, *seul.*

Dieux! par quel accident, par quel malheur estrange,
L'implacable Junon sur Hercule se vange!
En toute occasion, à toute heure, en tout lieu,
Que n'a-t'elle tenté contre ce demy-dieu?
Il ne peut eviter son aveugle colere
Et porte le peché des amours de son pere.
Mais luy mesme est coulpable, et sa desloyauté
Aura porté la reine à cette cruauté.
La jalousie est pire en un jeune courage
Que monstres, que serpens, que pestes et que rage,

Et la mort qui suivra ce poison vehement
Sera le triste effect de son ressentiment.

SCENE II.

HERCULE, AGIS LE SUIVANT, PHILOCTETE.

HERCULE, *laissant tomber sa massuë.*
Fay d'un rapide cours, prince de la lumiere,
A tes chevaux ardans rebrousser leur carriere,
Qu'une ombre generale obscurcisse les airs,
Et ne fay point de jour alors que je le perds.
AGIS.
O Ciel!
HERCULE.
    Alcide meurt sans qu'en ceste adventure
Le cahos de retour confonde la nature!
La terre en cet effort est ferme souz mes pas!
Les astres font leur cours! Le ciel ne se rompt pas!
Voy, Jupin, les effects d'un poison homicide :
Tu perds ta seureté lors que tu perds Alcide.
La Thessalie encor peut fournir des Titans
Capables d'estonner tes plus fiers habitans.
De nouveaux Gerions et de nouveaux Typhées
Peuvent à tes despens s'acquerir des trophées;
Encelade fendra ce penible fardeau
Qui luy servit d'eschelle et depuis de tombeau.
Si tu sçais la terreur que mon nom seul leur donne,

Juge combien ma mort esbranle ta couronne.
Previen avec honneur ce honteux accident,
Romps ce qu'on t'osteroit, perds tout en me perdant,
Respands sur l'univers le mal qu'il te prepare,
Trouble les elemens, tonne, espuise Lypare,
Fay voir le monde en feu de l'un à l'autre bout,
Et ne fay qu'un brasier, mais qui consomme tout.

Philoctete.

Mais vous, puis qu'en vous seul nostre salut se fonde,
Conservez vous plustost pour conserver le monde,
Et cherchez dans le sein de ce moite element
A ceste extresme ardeur quelque soulagement.

Hercule.

Ce fleuve m'a receu dans ses grottes profondes,
Mais autour de mon corps j'ay veu boüillir ses ondes,
Et ce brasier est tel, dont je me sens attaint,
Qu'il peut tout enflammer et que rien ne l'esteint.
J'ay du sang de Lychas ces flammes arrosées,
Mais j'ay sur moy, sans fruict, ses veines espuisées,
Et ce tourment, qu'un Dieu ne pourroit supporter,
S'accroist par le secours que j'y veux apporter.
Moy qui d'un seul regard fay trembler les monarques,
Qui force les enfers, qui desarme les Parques,
Qui fus tousjours vainqueur, je succombe à mon tour,
Et ce n'est pas un fer qui me prive du jour !
Pour sauver du mespris ma constance abbatuë,
Je ne puis exalter l'ennemy qui me tuë ;
Je combats sans effect d'invisibles efforts,
Et ce n'est pas un mont qui m'escrase le corps.
Je me sents estouffer, je ren l'ame, et ma fosse
N'est pas souz Pelion, souz Olimpe ou souz Osse.
Je doute de quel traict la mort touche mon cœur,

Je me trouve vaincu sans sçavoir mon vainqueur,
Et je meurs, ô mal-heur sur tous incomparable,
Sans pouvoir en ma mort faire un coup memorable !
O Ciel ! ô dieux cruels ! ô severe destin !
O d'une belle vie honteuse et lâche fin !
Une femme sans plus sera victorieuse
D'une si noble vie et si laborieuse !
S'il estoit resolu par les arrests du sort
Que ce sexe impuissant fust autheur de ma mort,
La haine de Junon devoit m'estre funeste ;
C'est une femme aussi, mais son estre est celeste.
Au lieu que je peris, non contre son souhait,
Mais par une autre qu'elle et mesme qu'elle hait.
Peux-tu, foible Junon, vanter ceste journée
Et voir d'un œil content finir ma destinée ?
Une autre a sur ma perte estably son bon-heur,
Une mortelle main t'a ravy cet honneur,
Une femme à ta honte accomplit son attente,
Sa haine a son effect, la tienne est impuissante

Agis.

O cieux ! quel changement, quelle noire couleur
Dessus ce front mourant figure sa douleur !
Acquerez, grand heros, une derniere gloire,
Vous aurez tout vaincu gaignant ceste victoire.
Par l'air, la terre et l'onde, assailly vainement,
Il vous reste à dompter le dernier element ;
Un repos glorieux suivra ce long martire,
Et vous avez vaincu quelque chose de pire.

Hercule.

Pleut à mon pere, helas ! que ce mal-heureux corps
Du lyon de Nemée eust senty les efforts !
Que ne fut-il en proye au portier de l'Averne,

Ou que n'expira-t'il souz le serpent de Lærne?
Que n'ont tant de geans accourcy mon destin?
Que d'un centaure affreux n'ay-je esté le butin?
Que differoit l'amour quand elle estoit si belle?
Noble elle me fuyoit, honteuse elle m'appelle.
Parmy de beaux dangers elle evitoit mes pas
Afin de me priver d'un glorieux trespas.
Une femme execute où Junon delibere,
Elle est pire que l'hydre et pire que Cerbere.
Je meurs, et sans mourir elle verra ma mort!
Et j'espargne contr'elle un legitime effort!
Ha! c'est trop consulter, cours, mal-heureux Alcide,
Et pour dernier exploict deffaits ton homicide.
Mange son cœur jaloux, boy son perfide sang,
Et qu'entre tes vaincus elle ait le premier rang.

SCENE III

DEJANIRE, LUSCINDE.

DEJANIRE.

Luscinde, quel effroy, quelles cruelles peines,
Quelle horrible frayeur se glisse dans mes veines!
Quel trouble, quelle horreur me dresse les cheveux!
Chaque instant m'est un jour, tout object m'est hideux.
Mon cœur espouvanté tremble, fremit, s'altere,
Ceste frayeur en moy court d'artere en artere,
Et dans ce changement mon corps intemperé
Ne sent jointures, os, nerf, ni muscle asseuré.

O d'un grand accident infaillible presage!
O vent impetueux, signe d'un grand orage!
Quand le Ciel une fois attaque un grand destin,
Il presse rarement qu'il n'estouffe à la fin ;
Les plus grands à ses coups sont de plus grandes butes,
Et les plus hauts palais font les plus lourdes cheutes
LUSCINDE.
O dieux! quel fondement, quels sujets si pressans,
Quel effroy si soudain altere ainsi vos sens?
DEJANIRE.
Las! appren en deux mots quelle crainte me presse :
Je crains que le present taché du sang de Nesse
A ce vaillant heros communique un poison
Qui cause le debris de toute sa maison.
Lors que je t'ay quitée, et Lychas qui le porte,
Une obscure fumée au milieu de la porte
M'a fait baisser la veuë, et j'ay veu sur le seuil,
O prodige! ô spectacle espouvantable à l'œil!
Sous deux goutes de sang par hazard repanduës,
Du bois se consumer et des pierres fenduës ;
L'air en estoit obscur, la terre en escumoit,
Le fer en estoit chaud et le bois en fumoit...
Mais ce valet qui suit une incertaine route
Et qui marche à grands pas me tirera de doute.

SCENE IV.

AGIS, DEJANIRE, LUSCINDE.

AGIS.
Allez, courez, fuyez. Et quoy! Madame, ô dieux!
Apres cet accident vous restez en ces lieux?
Helas! si quelque route en ce danger extreme
Va plus loing que la terre et que l'Erebe méme,
Et dont Hercule encor n'ait aucun souvenir,
Courez, c'est le chemin que vous devez tenir.
DEJANIRE.
O trop juste frayeur! ô sensible espouvante!
Parle, quel accident menace une innocente?
AGIS.
Ce glorieux heros, l'honneur de l'univers,
La gloire et la terreur de ce siecle pervers,
Qu'en la place du dieu qui lance le tonnerre
Le destin des mortels avoit mis sur la terre...
DEJANIRE.
Et bien?
AGIS.
    Il ne vit plus.
DEJANIRE.
        Comment! Hercule est mort?
AGIS.
Une heure ou moins de temps achevera son sort.
Il meurt par un poison dont la vertu funeste
Aura bien tost esteint la vigueur qui luy reste.

Sa chemise cachoit ce poison dangereux
Dont une telle perte est l'effect mal-heureux.
Il se voit consommer et n'a plus de courage
Que pour vostre ruine et pour servir sa rage.
Il court dans le palais, et, s'il atteint vos pas,
Tout le monde assemblé ne vous sauveroit pas.
Lychas, dont il a pris la chemise fatale,
Desja privé du jour, dans l'Erebe devale.
Il pleure, il tonne, il peste, et ses cris furieux
Percent jusqu'aux enfers et montent jusqu'aux cieux.

DEJANIRE.

Hercule va quiter sa dépoüille mortelle,
Et tu consultes, lasche, aprés cette nouvelle !
Hercule va mourir, et ce coulpable sein
Ne peut former encor qu'un timide dessein !
Que differe mon bras, et que tarde une espée
D'estre en ce lasche cœur jusqu'aux gardes trempée ?
Ceste main, ceste main a donné le poison,
Le fils de Jupiter meurt par ma trahison ;
Ses yeux perdent le jour, et moy je le respire ;
La main qui tuë Hercule espargne Dejanire.
Toy, son pere et son dieu, jette les yeux icy,
Et, puisque tu peux tout, sois son vangeur aussi.
Frappe ce lasche sein du trait de ton tonnerre
Le plus fort que jamais tu dardes sur la terre,
Et dont le pire monstre auroit esté vaincu,
Si pour te soulager Alcide n'eust vescu.
Lance dessus mon chef le mesme traict de foudre
Dont de tant de geans tu fis si peu de poudre,
Ou celuy qui causa le funeste accident
D'un qui voulut du jour mener le char ardent.
Mais que veux-je du Ciel ? Quoy ! la femme d'Hercule

Au chemin de la mort est timide, et recule !
Elle implore des dieux le moyen de mourir,
Et de sa propre main ne se peut secourir !
Lâche, je permettray qu'on m'impute le blasme
Qu'Hercule ait un vangeur plus zelé que sa femme ?
Non, non, si souz le fer ce bras est engourdy,
Si pour fendre ce flanc il n'est assez hardy,
Que de ceste montagne à tant d'autres fatale
Ce corps precipité jusqu'aux enfers devalle ;
Que mon sang sur ce mont fasse mille ruisseaux,
Qu'à ces pierres mon corps laisse autant de morceaux,
Qu'en un endroit du roc ma main reste penduë,
Et ma peau déchirée en d'autres estenduë ;
Une mort est trop douce, il la faut prolonger,
Et mourir d'un seul coup, c'est trop peu le vanger.

LUSCINDE.

Quittez en ce besoin ces regrets et ces plaintes,
Evitez de son bras les mortelles atteintes,
Ne vous consommez point d'un inutile ennuy,
Sauvez, en le perdant, quelque chose de luy.
Hylus l'ayant perdu, qu'il luy reste une mere ;
Sauvez vous pour le fils de la fureur du pere ;
Cherchons un antre affreux où jamais le soleil...

DEJANIRE.

O timide dessein ! ô frivole conseil !
Prevenons bien plustost qu'eviter sa venuë,
Exposons luy ce sein et ceste gorge nuë :
Des monstres furieux il a borné le sort,
Et n'auroit pas vaincu la cause de sa mort !
O traistre sang de Nesse ! ô femme trop credule,
De ne soupçonner pas un ennemy d'Hercule !

J'ay creu pour son mal-heur ce centaure inhumain,
Et j'ay pris des presens de sa barbare main.
Luscinde.
Quoy! voulez-vous traisner en ce mal-heur funeste
Toute vostre famille et tout ce qui vous reste?
Pourquoy de tant de coups meurtrissez vous ce sein?
Celuy ne peche pas qui peche sans dessein.
Dejanire.
O frivole raison! en un malheur semblable
La plus pure innocence est encor trop coupable.
Au lieu que ton esprit est touché de mon mal,
Tu devrois en mon sein porter le coup fatal.
Que tarde mon trespas? que la terre troublée
Ne fait de tout le monde une seule assemblée,
Et qu'en mille morceaux ne vient-on déchirer
Les membres de ce corps si digne d'endurer!
Que chaque nation à l'envy me punisse,
Toutes ont interest en mon juste supplice,
Elles n'ont plus d'appuy, de roy, de protecteur,
Et de cet accident mon bras seul est autheur.
Ha! je descouvre enfin l'appareil de ma perte,
D'affreuses legions la campagne est couverte,
Le juste bras du Ciel sur ma teste descend,
Les enfers vont s'ouvrir et la terre se fend.
Desja Megere sort, et ses noires couleuvres
Vont adjouster ma perte à leurs tragiques œuvres.
Que faut-il? Ce heros ne veut-il que mon sang?
Il est prest à sortir, picquez, percez ce flanc.
Mais quel dieu, quel demon ou quel bras redoutable
Lance contre mon chef ce roc espouvantable?
A ce coup, à ce coup, je vay perdre le jour.
Pardon, mon crime, ô Ciel! n'est qu'un crime d'amour.

Mais, que dis-je? ma mort est encor incertaine,
Et je veux differer une si juste peine!
Non, non, ces ennemis ont un courroux trop lent,
Je sçauray bien mourir d'un coup plus violent.
La main qui tuë Hercule est assez genereuse
Pour ne rebrousser pas contre une mal-heureuse;
Allons de mille coups sur ce coulpable corps
Reparer une mort pire que mille morts.
LUSCINDE.
Dieux! comme furieuse et comme abandonnée,
Elle cherche où finir sa triste destinée.
O Ciel! ô justes dieux! destournez son trespas.
Mais elle est desja loin, courons, suivons ses pas.

ACTE IV

SCENE PREMIERE.

HERCULE, PHILOCTETE.

HERCULE.

Donc ton fils, ô Jupin! mourra sans l'allegeance
De tirer de sa mort une juste vangeance!
Donc ma meurtriere un jour pourra sur mon cercueil
Publier sa victoire et fonder son orgueil!
Jalouse, quel endroit à ma fureur te cache?
Ton crime seroit beau s'il n'estoit un peu lasche,
Et l'on t'attribûroit l'honneur de mon trespas;
Mais tu portes le coup, et tu ne parois pas.
O tourment sans pareil! ô desespoir! ô rage!
O mal plus fort qu'Alcide et plus que son courage!
Peuples que j'ay servis, rois que j'ay protegez,
Enfers que j'ay vaincus, dieux que j'ay soulagez,
Pouvez vous aujourd'huy d'un œil assez humide
Voir en ce triste corps ce qui reste d'Alcide,

Et de ce qu'il estoit faire comparaison?
D'où me naist ceste peste, et quel est ce poison?
Cerbere l'a versé, jadis ce monstre esclave
Fit escumer icy sa venimeuse bave,
Ou c'est du sang mortel qui de l'hidre jallit,
Et que ce traistre esprit peut-estre recueillit.
De mes nerfs les plus forts ceste peste dispose,
Et presque à mes regards mes entrailles expose.
Moy mesme je m'ignore en ce triste accident,
Et ce qui fut Alcide est un bucher ardent.

PHILOCTETE.

Que ne m'est ce poison également funeste!
Que ne puis-je avec vous partager ceste peste!
Ou que par mon trespas ne puis-je à l'univers
Conserver le vangeur de ce siecle pervers!

HERCULE.

Est-ce donc là ce bras dont les faits sont si rares,
Ce vainqueur des tyrans, cet effroy des barbares,
Ce fleau de revolte et des rebellions,
Ce meurtrier de serpens, ce dompteur de lyons?
Suis-je ce mesme Alcide? Ay-je de ces espaules
Pour le secours d'Atlas soustenu les deux poles?
Resisterois-je encor à ce faix glorieux,
Et parois-je en ce point estre du sang des dieux?
Non, non, par ceste mort qui borne ma puissance,
Un mortel sera creu l'autheur de ma naissance,
Et ceux qui m'adoroient m'estimeront en fin
Le fils d'Amphitrion, et non pas de Jupin.
O cruelle douleur! ô tourment! ô martyre!
Ce lieu brusle desja de l'air que j'y respire.
La place autour de moy fume de toutes parts,
Et ces humides fleurs seichent à mes regards.

Tranchez, cruelles sœurs, ceste fatale trame
Qui ne peut consommer, qui resiste à la flame,
Achevez de mes jours le penible fuseau
Et de toutes vos mains pressez-y le ciseau;
Je ne troubleray point vos tenebreuses rives.
O remede trop lent! ô filles trop tardives!
Quoy! mon mal par la mort ne peut estre allegé,
Et pour ne mourir point il faut vivre enragé!

PHILOCTETE.

Jusqu'au dernier souspir ce grand cœur doit paroistre,
Soyez, soyez Alcide en finissant de l'estre;
Monstrez un esprit fort en un corps abbatu,
Et que vostre douleur cede à vostre vertu.

HERCULE.

D'un regard de pitié daigne percer la nuë,
Et sur ton fils mourant arreste un peu ta veuë :
Voy, Jupin, que je meurs, mais voy de quelle mort,
Et donne du secours ou des pleurs à mon sort.
J'ay toujours deu ma vie à ma seule deffence,
Et je n'ay point encor imploré ta puissance.
Quand les testes de l'hydre ont fait entre mes bras
Cent replis tortueux, je ne te priois pas;
Quand j'ay, dans les enfers, affronté la mort mesme,
Je n'ay point reclamé ta puissance supréme.
J'ay de monstres divers purgé chaque element
Sans jetter vers le ciel un regard seulement;
Mon bras fut mon recours, et jamais le tonnerre
N'a, quand j'ay combatu, grondé contre la terre;
Je n'ay rien imploré de ton affection,
Et je commence, helas! ceste lasche action.
Aux prieres en fin ce feu m'a fait resoudre,
Et pour toute faveur j'implore un coup de foudre.

Soit qu'à ce mal-heureux tu sois cruel ou doux,
Ta haine ou ta faveur paroistront en tes coups.
Haste donc cet exploit et devance la Parque,
Que sur elle ton bras ait ceste illustre marque !
Ou, s'il t'est trop amer de foudroyer ton fils
Du bras dont les Titans autresfois tu deffis,
Si tu crains que ton nom soit taché de ce blasme,
Que ce traict soit lancé par la main de ta femme,
Qu'elle obtienne l'honneur qu'elle a tant souhaité,
Et que par ses efforts Hercule soit dompté.

SCENE II.

ALCMENE, HERCULE, PHILOCTETE.

ALCMENE.
Voila donc ce vainqueur de la terre et de l'onde.
O cruel changement ! ô douleur sans seconde !
O d'un jaloux soupçon espouvantable effect,
Et pareil au rapport qu'Agis nous en a faict !
HERCULE.
Voyez où m'a reduit cet accident funeste,
Voyez de vostre fils le déplorable reste,
Contemplez le present que vous tenez des cieux.
Pourquoy de cet object destournez-vous les yeux ?
Est-ce que vous feignez d'ignorer ma naissance,
Ou qu'à ce nom de fils vostre oreille s'offence ?
Cessant d'estre indomptable et d'estre triomphant,
N'aurois-je point cessé d'estre aussi vostre enfant ?

ALCMENE, *pleurant.*

Quel Cerbere nouveau, quel monstre acherontide,
Quel lion ou quelle hidre a triomphé d'Alcide?

HERCULE.

Un monstre furieux, invincible, sanglant,
Et de tous le plus fort et le plus violent.

ALCMENE.

Mais quel?

HERCULE.

La jalousie.

ALCMENE.

O fureur insensée,
Qu'à d'estranges desseins tu portes la pensée!
O detestable femme! ô lasche trahison!

HERCULE.

Alcide a vaincu tout et cede à ce poison.
Ce feu ne cesse point, la toille qu'il allume,
Attachée à ce corps, avec luy se consume.
En vain tout mon effort s'employe à l'arracher:
Voila le sort du fils que vous eustes si cher.

ALCMENE.

O deplorable sort!

HERCULE.

Impuissant dieu des ombres,
Vieux monarque des morts, roy des demeures sombres,
Lasche que j'affrontay jusqu'au creux des enfers,
Qu'apprehendoit ton peuple et que faisoient tes fers,
Que n'as-tu retenu sur tes affreuses rives
Ce corps qui jusqu'à toy pousse ces voix plaintives!
Ouvre encor à mes cris ton horrible manoir,
Et fay qu'en cet estat l'enfer me puisse voir;
La Mort ne craindra plus que ce bras la surmonte,

Et ma confusion dissipera sa honte.
Quoy! le monde et l'enfer, tout est sourd à mes cris!
O pitié trop cruelle! ô barbares esprits!
Terre, ingrat element dont j'ay purgé les vices,
Qu'un de tes habitans paye tant de services,
Qu'il tente sur ma vie un pitoyable effort,
Pour prix de tant d'exploicts je ne veux que la mort.
Suscite un Gerion, fay paroistre un Typhée.
Mais je sens par le feu ma voix mesme estouffée,
    (Il tombe comme evanoüy.)
Et ce corps, dénué de sang et de vigueur,
Aprés tant de tourment, succombe à sa langueur.

ALCMENE.

Mon fils, ô Ciel! ô dieux! ceste extréme foiblesse
Prouve l'extréme effort de l'ardeur qui le presse.
Son sein est travaillé d'un cruel battement,
Et l'air luy donne à peine un peu d'allegement.
Ciel, soy nous favorable et soulage sa peine,
Oblige l'univers en obligeant Alcmene;
Conserve son vangeur, son prince et son appuy,
Et, bornant ses douleurs, termine mon ennuy.

PHILOCTETE.

Madame, reprimez ces plaintes inutiles,
Et laissez du repos à ces membres debiles;
Sa guerison peut-estre, aprés ce long tourment,
Suivra, selon nos vœux, cet assoupissement.
Mais il leve desja sa teste lourde et lasse,
Son travail recommence et son repos se passe.

HERCULE.

Que vois-je! en quel païs aux mortels inconnu
Et si plaisant aux yeux Hercule est-il venu?
Quel favorable sort a finy mes desastres

Et m'a fait obtenir un rang entre les astres?
O divin changement! ô miracle divers!
Mon pere à ma venuë accourt les bras ouverts.
Tout me rit, et Junon, par ma mort assouvie,
M'offre le vin qui donne une eternelle vie.
Je voy sur le soleil et plus haut que le jour
Le palais de mon pere, et son throsne, et sa cour.
Suivez, globes d'azur, vostre course rapide,
Et que toute clarté cede à celle d'Alcide ;
Que ces feux eternels, d'eux mesmes impuissans,
Empruntent leur ardeur de celle que je sens!
Mais de quelle ombre, ô Ciel! ces clartez sont suivies!
Quelle nuict m'a si tost ces merveilles ravies!
O dieux! tout mon bon-heur s'efface en un moment,
Et je retombe enfin en ce triste element.
Je revoy ces forests et la fatale plaine
Où ce mortel poison a commencé ma peine.
O douleur infinie! ô dure cruauté!
Que doit resoudre Alcide en ceste extremité?
Dequoy se peut nourrir ceste flame cruelle?
Ce corps est espuisé de sang et de moëlle,
Et ce mal toutefois devient plus furieux.
O tourment trop sensible! ô rage! ô Ciel! ô dieux!

<small>ALCMENE, *à Philoctete*.</small>

Helas! suivez ses pas.

<small>HERCULE.</small>

Dans le sein de Penée
Courons precipiter ceste ardeur obstinée ;
Tentons une autre fois la faveur de son eau,
Qu'il me soit favorable ou qu'il soit mon tombeau.

(*Il sort.*)

Alcmene.

Alcmene infortunée, en quel endroit du monde
Iras-tu regretter ta perte sans seconde?
Que deviendront les noms qu'on te donne en ce lieu,
De mere d'un heros et d'amante d'un dieu?
Voyant sous un tombeau ces muettes reliques,
Qui te donnera plus ces titres magnifiques?
Quels si religieux priront à son autel
Et quel ne dira pas qu'il estoit un mortel?

SCENE III.

AGIS, ALCMENE.

Agis.

O maison desolée! ô perte deplorable!
Credule Dejanire, et Nesse detestable!

Alcmene.

Quel tourment viens-tu joindre à mes autres douleurs,
Et quel nouveau mal-heur me demande des pleurs?

Agis.

Dejanire à nos yeux, mal-gré nostre deffence,
D'un ruisseau de son sang a lavé son offence.

Alcmene.

Son supplice estoit juste, et mon œil ne peut pas
Refuser toutefois des pleurs à son trespas.
Puisque tu fus present à la fin de sa vie,
Dy-moy de quelle sorte elle se l'est ravie.

Agis.

Quand elle a sceu par nous l'accident mal-heureux
Qui sur Alcide exerce un mal si rigoureux,
Ceste femme aussi tost, furieuse, enragée,
De cent coups inhumains a sa face outragée,
Et ses yeux pleins de feu, vers les astres portez,
Ont grossi d'un torrent de pleurs qu'elle a jettez.
« Comment! a-t'elle dit, quand il cesse de vivre,
Je resiste aux assauts que la douleur me livre!
Que tarde, mal-heureuse, un genereux effort
De vanger son injure et reparer sa mort! »
Là, plus viste qu'un cerf qui court d'un pas agile,
Poursuivy des chasseurs, se chercher un azile,
Elle s'est retirée aux valons d'alentour,
Non pour se conserver, mais pour perdre le jour.
Nous la suivons en vain, et, dés nostre venuë,
Elle avoit le poignard contre sa gorge nuë;
Luscinde à deux genoux, pleurant, joignant les bras,
De loin la conjuroit de ne s'outrager pas,
Et j'allois la saisir, lors que cette cruelle
A porté dans son sein la blessure mortelle.
Sur les fleurs d'alentour le sang en a jally,
Ses yeux se sont troublez et son teint est pâly.
Elle a finy sa vie avec ceste parole :
« Agis, m'a-t'elle dit, un seul point me console;
J'ay sans intention tramé cet accident,
Et mon dessein fut moins criminel qu'imprudent.
Par le linge fatal imbu du sang de Nesse,
J'esperois seulement l'effect de sa promesse,
Et croyois que ce sang, mortel à ce heros,
Me deust rendre ses vœux sans troubler mon repos. »

ACTE IV, SCENE III.

Là, ceste triste reine, en mes bras estenduë,
Par un dernier souspir a son ame renduë.

ALCMENE.

Ainsi par le pouvoir d'un aveugle destin
Tous les plaisirs du soir sont destruits le matin ;
Ainsi de nos grandeurs la fortune se jouë,
Et sans qu'Alcide mesme ait peu cloüer sa rouë.

SCENE IV.

HERCULE, PHILOCTETE, AGIS, ALCMENE.

HERCULE.

Tous remedes sont vains, et ce feu vehement
Convertiroit en soy le liquide element
Avant qu'il esteignit ceste ardeur violente
Qui de ce triste corps fait une ombre parlante.
Donc, je ne puis franchir ceste severe loy,
Ny donner au vainqueur la moitié de l'effroy.
Quel antre si caché, quel endroit, quel azile
Rend en ce desespoir ma poursuite inutile,
Que desja de son cœur mon sein n'est le tombeau ?
Quel dieu me la refuse et sauve mon bourreau ?

ALCMENE.

Sa main a prevenu vostre juste colere
Et de son imprudence a payé le salaire.
Helas ! ce feu, mon fils, nous consomme le sein

Contre son esperance et contre son dessein.
Jamais telle fureur n'a son ame occupée,
Mais sa credulité par Nesse fut trompée.
Il luy fit esperer que son sang qu'elle prit
Luy rendroit au besoin vos vœux et vostre esprit,
Et ce linge par elle imbu de ceste peste
Fait d'un dessein d'amour un accident funeste.

HERCULE.

Mon pere en soit loüé, mes travaux ont leur fin,
Ce que vous m'apprenez explique mon destin.
Un chesne prophetique en la forest de Cyrre
Par ces mots à peu prés m'a prédit ce martyre :

> *Appuy des dieux et des humains,*
> *Victorieux Alcide,*
> *Un qui sera mort par tes mains*
> *Sera ton homicide.*

Telle est mon advanture et la loy de mon sort,
Un vainqueur insolent ne survit point ma mort.
Il reste de choisir une fin memorable
Qui pour tous les neveux laisse un renom durable.
Sus, pour aider le feu dont ce sein est pressé,
Qu'au plus haut de ce mont un bucher soit dressé,
Que toute la forest tombe sous vos espées,
Qu'à ce pieux devoir elles soient occupées,
Que mes plus chers amis y portent le flambeau
Et qu'on me voye entrer en cet heureux tombeau.
Toy, fidelle tesmoin des conquestes d'Alcide,
Gloire de la valeur et du sang Pæantide,
Reçoy ce dernier gage et te serts à ton tour
De ces traicts teints du sang qui me prive du jour.
Mais, et ressouviens-toy d'accomplir ma priere,
Fay sur le sein d'Arcas leur espreuve premiere :

Il possede le cœur d'une jeune beauté
Dont trop indignement le mien fut rebuté.
Que ta main de ces traits sur ma tombe l'immole,
Et qu'il y rende l'ame aux yeux mesme d'Iole.

ACTE V

SCENE PREMIERE.

LUSCINDE, PHILOCTETE.

LUSCINDE.

Toy qui sçais de quel œil il vit borner ses jours,
Fay-moy de ce trespas le tragique discours.
Quelle fut sa vertu ?
        PHILOCTETE.
        La mort luy parut telle
Que la vie à nos yeux ne fut jamais si belle.
        LUSCINDE.
Dieux ! Et quel luy parut ce brasier devorant ?
        PHILOCTETE.
Ce que te paroistroit un parterre odorant.
Il fit sa mort célebre, il en benit les causes,
Et fut dans les charbons comme parmy des roses.
        LUSCINDE.
D'un front tousjours esgal ?

ACTE V, SCENE I.

PHILOCTETE.
     Et d'un œil plus riant
Que celuy du soleil n'est dessus l'orient.
Il acquit sur le feu sa derniere victoire,
Et vit finir sa vie en achevant sa gloire.
LUSCINDE.
Qui vit avec honneur doit mourir constamment;
Mais fay m'en le recit en deux mots seulement.
PHILOCTETE.
Quand il eut resolu ceste mort inhumaine,
Il fit nos propres mains complices de sa peine.
En la forest d'Oethé, chacun, le fer en main,
Sur ses arbres sacrez accomplit son dessein;
Luy mesme le premier travaille à sa ruine,
Il couppe, arrache, rompt, jusques à la racine.
La forest retentit à ce trouble nouveau,
L'un frappe sur le chesne et l'autre sur l'ormeau;
La terre s'esbranla, les driades gemirent,
Et de crainte et d'horreur tous les faunes fremirent.
Les arbres, despoüillez de leurs feuillages verds,
Se virent bien plus nuds qu'au milieu des hyvers;
Les cerfs sont estonnez d'y perdre leurs ombrages,
Et d'un pas incertain cherchent d'autres feuillages.
Le plus petit oiseau ne peut où s'y percher,
Et toute la forest ne devient qu'un bucher.
Il nous presse, et luy-mesme en de diverses formes
Range les troncs couppez des chesnes et des ormes.
Il dresse avec plaisir ce qui doit l'embrazer,
Et veut que sa massuë ayde à le composer.
Il y jette la peau du monstre de Nemée :
« Elle y sera, dit-il, avec moy consumée. »
Lors on s'efforce en vain de cacher ses douleurs,

Tous se trouvent saisis, et chacun fond en pleurs.
Mais sa mere sur tous relasche son courage :
Elle rompt ses cheveux, déchire son visage,
Pousse des cris au ciel, meurtrit son sein de coups,
Et plus que ce heros se fait plaindre de tous.
« Reprimez, luy dit-il, ceste douleur cruelle,
Vous ostez à ma mort la qualité de belle ;
Voulez vous de vos pleurs obscurcir mon renom,
Et rendre mon trespas agreable à Junon ? »
Là de ses propres mains la flame est allumée,
L'air noircit à l'entour d'une espaisse fumée,
Et l'on voit aussi tost un tel embrazement
Que la flame atteignit jusqu'à son element.
Si proche de sa fin, l'œil riant, la voix saine :
« Quoy ! vous pleurez, dit-il en s'approchant d'Alcmene,
Vous plaignez mon destin quand mon pere m'attend,
Vous vivrez affligée, et je meurs si content,
Ma mere ! » achevoit-il... Elle, à ce nom de mere,
De nouveau s'abandonne à sa douleur amere,
Crie, accuse le Ciel, nomme les dieux jaloux,
Et va tomber pâmée à quelques pas de nous.
C'est là que la constance eut d'inutiles armes,
C'est là qu'il souspira, son œil versa des larmes,
Il cessa d'estre Alcide en ce moment fatal,
Et plaignit les regrets dont on plaignoit son mal.
Mais que ceste douleur fut bien tost consolée
Et qu'il restablit tost sa constance ébranlée !
« Fidele compagnon, dit-il en m'embrassant,
Ranime la couleur de ton teint languissant,
Et, si tu fus toujours conforme à mon envie,
Ne pleure point la mort dont j'achete la vie ;
Accomply seulement l'arrest qui t'est prescrit,

Et fay que sur ma tombe Arcas rende l'esprit. »
A ces mots, le teint doux, l'œil gay, la face ouverte,
Il nous embrasse tous, et tous pleurent sa perte.
Il paroist seul content, et, riant de nos pleurs,
Entre dans ce bucher comme en un lict de fleurs.
Jamais roy triomphant environné de palme
Ne parut en son char plus joyeux ny plus calme ;
Son esprit toujours sain ne fut point alteré,
Mais presque en un moment son corps fut devoré.

LUSCINDE.

O resolution digne de son courage !

PHILOCTETE.

La fumée aussi tost forme un espais nuage,
Un tonnerre esclattant retentit dans les airs,
Et le ciel s'entr'ouvrit au milieu des esclairs.
Sa mere en ce tombeau fit enfermer sa cendre,
Et montra pour sa perte un courage si tendre
Qu'à voir ses actions tous les cœurs interdits
Pleignoient egalement et la mere et le fils.
Mais elle vient icy, voy qu'elle est affligée,
Que son geste est confus, et comme elle est changée !

SCENE II.

ALCMENE, PHILOCTETE, AGIS, LUSCINDE.

ALCMENE, *tirant un vase d'or du tombeau.*
Vous qui prenez des droicts sur les autres mortels,
A qui nos laschetez eslevent des autels,

Petits dieux, meditez sur ce mal-heur extréme,
Et redoutez du sort la puissance supréme.
En ce vase chetif tout Hercule est enclos,
Je puis en une main enfermer ce heros.
Cecy fut la terreur de la terre et de l'onde,
Et je porte celuy qui soustint tout le monde.

AGIS.

Nos larmes de sa mort sont d'indignes effects,
Honorons ses vertus et publions ses faicts;
Faisons d'un beau trespas une belle memoire,
Et que nos laschetez n'alterent point sa gloire.

ALCMENE.

Je ne me plaindrois pas, ô barbare conseil!
Je pourrois voir sans pleurs ce mal-heur sans pareil!
Que tarde mon trespas? que fera plus Alcmene
Que plaindre et que nourrir une eternelle peine?
Quelle vertu reside en ce debile sang?
Quel Hercule nouveau porteray-je en ce flanc?
Quels titres glorieux flatteront ma pensée,
Et de quel Jupiter serai-je caressée?
Monarque des Thebains, aimable et cher espoux,
Qu'heureux fut ton trespas, et que ton sort fut doux!
Que la perte du jour estoit peu regrettable
Au pere qui laissoit un fils si redoutable,
Et combien les enfers, qu'il avoit déconfits,
Ont respecté le pere à cause de son fils!
Quel sera mon azyle, en quel lieu de la terre
Des rois qu'il a domptez puis-je eviter la guerre?
Toy qui trouvas Alcmene agreable à tes yeux,
Monarque souverain de la terre et des cieux,
Comme a fait ma beauté, que ma douleur te touche,
Recompense aujourd'huy les faveurs de ma couche;

ACTE V, SCENE II.

Fay-moy suivre ses pas, reüny nos esprits
Et que de mes baisers ton foudre soit le prix.
PHILOCTETE.
Pour rompre des tyrans les mortelles pratiques,
Vous n'aurez seulement qu'à monstrer ses reliques :
Elles rendront les cœurs et les bras engourdis,
Et mettront la frayeur au sein des plus hardis.
ALCMENE, à *Philoctete*.
Toy, dont il reconnut l'ardeur et le courage,
A qui seul de ses traits il a laissé l'usage,
Que tarde leur espreuve, et pourquoy n'as-tu pas
Dessus sa tombe encor versé le sang d'Arcas?
A ses manes sacrez offre ce sacrifice ;
Ta foy balance-t'elle en ce dernier office?
PHILOCTETE, *tenant les traicts*.
Je dois aveuglément respondre à son espoir;
Mais combien mon esprit repugne à ce devoir!
ALCMENE.
Quoy! pour le fils d'un dieu tu plains une victime?
PHILOCTETE.
Arcas m'importe peu, mais j'ignore son crime.
ALCMENE.
Par les armes mon fils fut maistre de son sort,
Et la loy des vaincus le rend digne de mort.
PHILOCTETE.
Mais ils sont innocens en une juste guerre ;
Et que faisoit Arcas que deffendre sa terre ?
ALCMENE.
Il soustint Euritée et sa desloyauté.
PHILOCTETE.
Iole estoit promise à sa fidelité.

ALCMENE.

Le pere fut coupable, et de ceste princesse
Alcide avoit receu la premiere promesse.

PHILOCTETE.

Mais en sa perfidie Arcas n'eut point de part.

ALCMENE.

O que fait ma fureur de paroistre si tard!
Où sera craint Alcide, où brillera sa gloire,
Si desja ses amis trahissent sa memoire?
Lâche, ren ce present.

PHILOCTETE, *se deffendant.*

Madame!

ALCMENE.

Non, ces traicts
Pour ta profane main sont un trop digne faix,
Et je veux de ma main immoler le coupable,
Puisque tu ne tiens pas son arrest equitable.

PHILOCTETE.

Il doit estre accomply puis qu'Alcide l'a fait,
Et je n'ay pas dessein d'en differer l'effect;
Dequoy ne voudroit pas contenter son envie
Celuy qui pour luy plaire immoleroit sa vie?
Je respandrois mon sang au pied de son tombeau,
Et ne voudrois un sort plus heureux ny plus beau.
Son dessein a rendu ce devoir legitime :
Qu'un de vos gens, Madame, ameine la victime.

ALCMENE, *à Agis.*

Allez querir Arcas, et qu'Iole avec luy
Vienne en ce lieu fatal partager nostre ennuy.
Reverez ce heros, fuyez, ombres profanes,
Du glorieux rivage où reposent ses manes.
Changez, sombres forests, vos cyprés en lauriers,

Qui seuls facent ombrage à ce roy des guerriers;
Et vous, fatales sœurs, reines des destinées,
Vous, dont les noires mains ourdissent nos années,
Cessez à mon fuseau vos travaux superflus;
Que fait Alcmene icy quand Alcide n'est plus?
Si le fils relevoit d'un pouvoir si severe,
Quel aveugle destin en exempte la mere?
Tranchez les tristes jours de ce debile corps
Que vous verrez tomber sous vos moindres efforts.
Que son oncle une fois soit touché de ma peine,
Qu'il nous renvoye Alcide ou qu'il reçoive Alcmene!
Qu'il le chasse ou m'attire en ce manoir hideux,
Qu'il relasche un esprit ou qu'il en prenne deux!
\qquad Luscinde.
Madame, tout est sourd en ce fatal empire,
Et la mort fuit plus loin alors qu'on la desire;
Elle espargne ses coups, toute avare qu'elle est;
Mais on ameine Arcas...
\qquad Philoctete.
\qquad\qquad O rigoureux arrest!

SCENE III.

PHILOCTETE, LUSCINDE, AGIS,
deux valets amenant ARCAS, IOLE.
On lie ARCAS au tombeau.

\qquad Iole.
Barbares, assassins, quelle soif, quelle rage,
Du sang des innocens repaist vostre courage?

Quel arrest l'abandonne à cet injuste effort?
Quel dieu, quelle Themis presidoit à sa mort?
Donc son affection ne m'est pas legitime,
Je nuis à qui je plais et m'aimer est un crime.
Donc, pour ce qu'il m'est cher, je creuse son tombeau
Et d'amante d'Arcas on me fait son bourreau.

PHILOCTETE.

Madame, avec regret je suis son homicide ;
Mais tous respects sont vains contre la loy d'Alcide.

ALCMENE.

Laissez selon ses vœux agir sa passion,
Et ne differez point ceste juste action.

IOLE.

O dure cruauté! quel droict, quelle police
Fait d'un meurtre execrable un acte de justice?
Quoy! pour mon innocence un prince perira,
Et pour ma pureté de son sang rougira!
Tranchez plustost le cours de mes tristes années,
Que ma vie et ma plainte en ce lieu soient bornées,
Dressez contre mon sein ces redoutables traits ;
C'est moy qu'Alcide veut, et c'est moy qui luy plais.
Que vostre affection à son dessein responde,
Et qu'il ait aux enfers ce qu'il n'eut pas au monde.
Accordez luy l'object de ses vœux criminels,
Faisant tomber Iole aux antres eternels.

ARCAS.

Souffrez, chaste beauté, leur barbare licence,
Laissez à l'injustice opprimer l'innocence :
Le Ciel, qui vange en fin l'innocent mal-heureux,
S'ils ont des traicts pour nous, a des foudres pour eux.
De leurs cœurs inhumains toute crainte est bannie,
Et vostre resistance aigrit leur tyrannie.

ALCMENE.

La plainte qu'on permet à des desesperez
Ne te sauvera pas de ces traits acerez.
Sus! que differez-vous? que tarde son supplice?
Que vostre affection est lente en cet office!

PHILOCTETE, *à genoux et prest à tirer.*

Fils du plus grand des dieux, si du royaume noir
Tes manes sont tesmoins de ce pieux devoir....

IOLE, *se jettant sur luy.*

O sacrifice impie! ô pieté barbare!
Traistre, j'attens le coup que ta main luy prepare.
En ce sein innocent pousse ton traict vainqueur,
Tu frapperas Arcas, puis qu'il est dans mon cœur.
Sommes-nous abordez en un sejour sauvage
Où l'on vive de sang, de crime et de carnage?
Pourquoy, cruels, pourquoy jusqu'au palais noircy
Hercule cherchoit-il ce qu'il avoit icy?
Quel monstre plus sanglant, quel plus cruel Cerbere
Que ses propres parens avoit-il à deffaire?
Que voit-on en ces lieux que des objects d'horreur?
Et qu'y respire-t'on que meurtre et que fureur?

ARCAS.

Appaise, mon soucy, tes inutiles plaintes.

IOLE.

Elles auroient effect sur des ames plus saintes.

ARCAS.

La vertu ne peut rien où le vice est puissant.

IOLE.

Qu'ils perdent la coupable et sauvent l'innocent.

ARCAS.

Qu'as tu commis d'injuste et dont tu sois coupable?

IOLE.
Je t'ay fait odieux, esclave, miserable.
ARCAS.
Mon mal-heur m'a fait tel, et non pas ton dessein.
IOLE.
C'est moy qui t'oste l'ame et qui t'ouvre le sein.
ARCAS.
Ainsi la loy du sort marqua ma derniere heure.
IOLE, *tirant un poignard de son sein.*
Ainsi la loy du sort ordonne que je meure.
Achevez donc, bourreaux, cet injuste trespas,
Voicy, mon cœur, voicy de quoy suivre tes pas.
Ce coup, puisque le Ciel permet leur tyrannie,
Te donne du courage et de la compagnie.
Nous partirons ensemble; arrestez, inhumains.
ARCAS.
O sensible mal-heur, sauvez la de ses mains.
IOLE.
Traistres, cruels autheurs du mal qui me possede,
Vous causez le tourment et m'ostez le remede;
Alcide ordonna-t'il qu'on prolongeast mes jours
Lors que de ceux d'Arcas on borneroit le cours?
C'est d'esgale rigueur nous nuire et nous poursuivre,
Que le faire mourir et me forcer de vivre.
Donnez, donnez ce fer, ô barbare pitié!
AGIS.
O fille mal-heureuse!
LUSCINDE.
O parfaicte amitié!
(Là on entend un grand tonnerre, et le ciel s'ouvre.)

ACTE V, SCENE III.

ALCMENE.

Quel soudain changement! quel horrible tonnerre!
De quels esclairs le ciel espouvante la terre!

PHILOCTETE.

L'orage se dissipe et les cieux sont ouverts;
Mais quel nouveau soleil illumine les airs?

ALCMENE.

Alcide glorieux fend la voute azurée,
C'est luy mesme.

LUSCINDE.

O merveille!

ALCMENE.

O joye inesperée!

SCENE DERNIERE

HERCULE DESCENDANT DU CIEL.

HERCULE.

Admis dans le celeste rang,
Je fais à la pitié ceder la jalousie,
Ma soif esteinte d'ambrosie
Ne vous demande plus de sang.

Qu'Arcas ait l'object de ses vœux,
Qu'au sein de sa maistresse il termine ses peines
Et ne porte plus d'autres chaisnes
Que de celles de ses cheveux.

(*A Alcmene.*)

Vous, vivante source de pleurs,

Qui m'avez honoré d'une amitié si tendre,
Consolez vous, et sur ma cendre
Ne respandez plus que des fleurs.

Que tous les peuples de ce lieu
Eslevent sur ce mont des autels à ma gloire,
Et qu'ils conservent la memoire
De la mort qui m'a fait un dieu.

(Il remonte au ciel.)

ALCMENE.

Dompteur de l'univers, rare bonneur de ces lieux,
Quoy! desja ta clarté se dérobe à nos yeux!
Arreste un seul instant... Mais en vain je l'appelle,
Leger il se redonne à la trouppe immortelle.
O divin accident! rompons, rompons ces fers,
Qu'Arcas prenne le prix des maux qu'il a soufferts,
Et que par les douceurs d'un heureux hymenée
De ce couple d'amans la peine soit bornée.

IOLE.

O celeste advanture! ô glorieux heros!
Qui dessus son debris restablit son repos.
Madame, pardonnez la plainte injurieuse
D'un esclave innocent et d'une mal-heureuse.
Que ce fils glorieux vous comble de plaisirs
Et rende vostre gloire égalle à vos desirs.

ARCAS, *delivré.*

Que ce cœur et ce bras soient vostres sans reserve,
Et ne me conservez qu'afin que je vous serve.

LUSCINDE.

O bon-heur sans pareil!

PHILOCTETE.

O favorable sort,

Qui de deux innocens a diverty la mort!
Qu'en plaisirs eternels vostre douleur se change.
Benissons ce heros, publions sa loüange,
Rendons à sa vertu des honneurs immortels,
Et d'un commun dessein dressons luy des autels.

ANTIGONE

TRAGEDIE

A MONSIEUR
LE COMTE DE GUEBRIANT

MARESCHAL DES CAMPS ET ARMÉES DU ROY

MONSIEUR,

Quand je serois ensevely dans le plus profond sommeil du monde, et que j'aurois fait arrouser ma chambre du jus de tous les pavots d'un été, il seroit encor impossible que je ne m'éveillasse au bruit que la Renommée fait de vostre nom, et que je n'apprisse de quel bras vous servez le Roy, et de quelle sorte vous traictés ses ennemys. Ce n'est pas une gloire particuliere à nostre siecle, que d'avoir porté de grands hommes : il s'est veu de tout temps des personnes qui se sont renduës celebres par leur courage et par leur vertu ; mais il faut avoüer, Monsieur, qu'il ne s'en est point treuvé à qui une si haute valeur et une si juste reputation que la vostre ayent si peu cousté qu'à vous, et qu'il falloit autrefois plus de temps à la bonne naissance et à l'exercice des armes pour faire des Cesars et des Alexandres. Mais vostre Histoire est trop cogneuë, et trop de la saison, pour me mesler de l'écrire, et je serois plus long-temps à parler de vos progrez que vous n'avez esté à les faire. C'est une matiere trop delicate pour mon esprit, et une tâche dont je prendray ma dispense de ma foiblesse ; souffrés seulement, Monsieur, que je sois un des premiers de ma profession qui rende ses devoirs à vostre merite, et que ce témoignage m'en soit un de l'interest que je prends dans le succés des armes du Roy. Comme je suis un de ses plus passionnez sujets, sa gloire et son contentement sont aussi la plus forte de mes passions ; tandis que vous aydés à luy acquerir l'une, je m'estudie à luy causer l'autre ; durant que vous le servés, je le divertis, et je faits voir à Sa Majesté le siege de Thebes, cependant que vous travaillés à celuy de Brizac ; c'est-à-dire que je luy monstre en figure ce que vous faites en verité. Aussi (Monsieur), quand j'ay voulu chercher de la recommendation et de la protection à ce Poëme, j'ay d'abord jetté les yeux sur vous, et j'ay creu qu'ayant tant répandu de sang en Allemagne, vous prendriés plaisir à voir celuy que j'ay fait verser sur le Theatre de Sainct-Germain. C'est une guerre qui n'est point funeste, et qui vous delassera de l'autre ; j'espere que vous me ferés l'honneur d'agreer ce mauvais present, et qu'il m'obtiendra de vous la permission de me dire,

MONSIEUR,

Vostre tres-humble et tres-obeïssant serviteur,

Rotrou.

ANTIGONE

ACTEURS.

JOCASTE, mere d'Antigone.
ÆTEOCLE, roy de Thebes et frere d'Antigone.
POLYNICE, frere d'Antigone.
ANTIGONE.
ISMENE, sœur d'Antigone.
ADRASTE, beaupere de Polynice.
ARGIE, femme de Polynice.
MENETE, gentil-homme d'Argie.
CREON, pere d'Hemon, et roy de Thebes.
HEMON, serviteur d'Antigone.
CHEFS DES GRECS.
EPHYTE, seigneur de Thebes.
CLEODAMAS, seigneur de Thebes.
Un Page.
Suitte de Creon.

La scene est à Thebes.

ANTIGONE

ACTE PREMIER

SCENE PREMIERE

JOCASTE, ISMENE.

JOCASTE, *dans une chambre, achevant de s'habiller.*

Qu'ils ont bien à propos usé de mon sommeil !
Ils n'ont pas appellé ma voix à leur conseil ;
Et, lors qu'ils ont voulu tenter cette sortie,
On a bien sceu garder que j'en fusse advertie :
C'est bien, ô Nuit, c'est bien de tes plus noirs pavots
Que tu m'as distillé ce funeste repos.
Mais quel chef les conduit ?
    ISMENE.
      Æteocle luy-mesme.

JOCASTE.

Allons, tost, c'est trop d'ordre en ce desordre extréme :
Ce poil mal ordonné, cette confusion,
Me sera bien seante en cette occasion.
Nature, confonds-les, c'est icy ton office,
Tout despend de toy seule, et rien de l'artifice :
Vien te montrer, mon sein, qui les as allaitez,
Avancez-vous, mes bras, qui les avez portez ;
Toi, flanc incestueux dont ils ont pris naissance,
Vien, s'ils ont du respect, faire voir ta puissance.

SCENE II.

ANTIGONE, JOCASTE, ISMENE.

ANTIGONE.

Madame, il n'est plus temps.
    JOCASTE.
        Comment ! ces enragez
Gisent-ils desja morts l'un par l'autre égorgez,
Ou la troupe thebaine a-t'elle esté défaite ?
    ANTIGONE.
Non, mais le combat cesse, et le roy fait retraite :
C'est ce que de la tour j'ai clairement pû voir,
Et son retour dans peu vous le fera sçavoir.
    JOCASTE.
Ce cœur dénaturé, teint du sang de son frere,
Se vient-il rafraichir dans les bras de sa mere ?
S'y vient-il réjoüir de cet acte inhumain,

Et ne pretend-il point des lauriers de ma main?
Oüy, le coup en merite, il part d'un grand courage,
Il s'est soustrait d'adresse, et pour un bel ouvrage.

ISMENE.

Peut-estre que le Ciel, qui preside aux combats,
En disposera mieux que vous n'esperez pas.

ANTIGONE.

Un instant a souvent changé l'ordre des choses,
Beaucoup d'evenemens ont démanti leurs causes.
Mais attendant l'entrée, et l'entretien du roy,
Oyez un accident qui me transit d'effroy :
Je voyois de la tour le choc des deux armées,
L'une et l'autre au combat asprement animées,
Alors que Mænecée, arrivant en ce lieu :
« Adieu, m'a-t'il crié, chere Antigone, adieu;
Le Ciel se lasse enfin de vous estre contraire,
Joüis d'un long repos dans les bras de mon frere. »
Moy qui me voyois seule, et qui ne sçavois pas
Le genereux dessein qui portoit là ses pas,
Pour la fuite desja j'avois tourné la veuë,
Quand luy, la face ouverte et nullement esmeuë,
Hardy, s'estant planté sur le bord de la tour,
Et voyant sans frayeur les bas lieux d'alentour,
A regardé le camp, et, d'une voix profonde,
A fait tourner vers luy les yeux de tout le monde.
« Arrestez, a-t'il dit d'un ton imperieux,
Arrestez, je l'ordonne et de la part des Dieux!
Arrestez! » Cette voix est à peine entenduë
Que la main aux soldats demeure suspenduë ;
Chacun reste interdit, l'œil et le bras levé,
Le coup demeure en l'air, et n'est point achevé :
Là, ce jeune heros pousse une voix moins forte,

Et, d'un accent égal, leur parle en cette sorte :
« Thebes, gouste la paix que je vais t'achepter,
Mon sang en est le prix, je viens te l'apporter;
Repousse loin de toy cet orage de guerre
Qu'excite un insolent sur sa natale terre;
Possede en paix tes champs, tes temples, tes maisons,
Sans autre changement que celuy des saisons;
Qu'Hymen, mettant tes fils dans les bras de tes filles,
De liens eternels unisse tes familles.
Regne enfin, caressée et du Ciel et du sort,
La promesse des dieux doit ce prix à ma mort. »
Il tire, aprés ces mots, une brillante espée,
Et, se l'estant au sein jusqu'aux gardes trempée,
Se lance de la tour, le fer encor en main,
Noble victime aux dieux pour le peuple thebain.
A cet objet d'horreur, l'œil troublé, le teint blesme,
J'ay demeuré long-temps plus morte que luy-mesme,
Et de frayeur encor tout mon sang est glacé.
Mais vous allez sçavoir comme tout s'est passé.

SCENE III.

ÆTEOCLE, CREON, HEMON,
DEUX CAPITAINES, JOCASTE, ISMENE,
ANTIGONE.

ÆTEOCLE.

Madame, tout va mal, et dans cette retraite
La victoire est commune, ou plutost la défaite :
Le sort est bien égal, il se declare tard,
Et beaucoup sont à dire et d'une et d'autre-part

JOCASTE.

Maudite ambition, et abbominable peste!
Monstre alteré de sang, que ton fruit est funeste!

ÆTEOCLE.

Sur le desir des miens, mon trosne se soustient,
Je luy cedois l'Estat, mais l'Estat me retient ;
J'estois prest à quitter le sceptre qu'on luy nie,
Le peuple aime mon regne, et craint sa tyranie :
Je le possede aussi moins que je ne le sers,
Les honneurs qu'il me rend sont d'honnorables fers.
Au reste, un fondement reste à nostre esperance,
Si l'oracle rendu nous tient lieu d'asseurance;
Thebes lors joüira d'un paisible repos,

. . . .

Quand des dents de Python la semence derniere
Satisfera pour tous et perdra la lumiere.
Tel est l'arrest des dieux.

CREON.

     O rigoureuse loy!

ÆTEOCLE.

Le jeune Mænecée a pris ces mots pour soy,
Se voyant, comme il est, dernier de nostre race,
Sur qui, par consequent, tomboit cette disgrace :
Il s'est soustrait de nous et du haut de la tour,
Ravy que son mal-heur nous prouvast son amour,
Et porté d'une ardeur à nule autre seconde,
S'est immolé luy-mesme aux yeux de tout le monde :
Heureux, certes, cent fois qui meurt si glorieux
Et qui se pourra seul dire victorieux.

CREON.

Mais plus heureux encor, à qui sa mort profite,

Et qui se couvrira des lauriers qu'il merite ;
Quelle haine des dieux jette le sort sur luy
Et le fait trébucher pour soustenir autruy !
Fausses divinitez, estres imaginaires,
Beaux abus des esprits, immortelles chymeres,
Que vous a fait mon sang pour vous estre immolé ?
Quel droit de la nature avons-nous violé ?
Ai-je, autre Œdipe, entré dans le lit de ma mere ?
Luy suis-je espoux et fils ? mon fils fut-il mon frere ?
Voila que les surgeons d'un sang incestueux
Portent le diadesme, et vous estes pour eux :
Nous, vous nous destinez, innocentes victimes,
A perir pour leur gloire et payer pour leurs crimes.

.........JOCASTE.

O reproche honteux ! Que renouvelles-tu ?
Assez sans toy le sort exerce ma vertu.

ÆTEOCLE.

Je pardonne, Creon, cette plainte insensée
Aux recentes douleurs du sort de Mænecée :
Je sçay qu'un fils qu'on perd afflige vivement,
Mais il faut une borne à ce ressentiment,
Ou la peine suivroit un semblable caprice ;
La guerre des Estats n'exclud pas la justice,
Et n'excuseroit pas un outrage pareil :
Entrons, et m'assistez d'une heure de conseil.

(*Tous entrent, horsmis Hemon et Antigone.*)

SCENE IV.

ANTIGONE, HEMON.

ANTIGONE.
Voyez, mon cher Hemon, comme sa violence
Va jusques à l'outrage et jusqu'à l'insolence :
J'approuve sa douleur; mais pour quelle raison
Luy fait-elle offencer toute nostre maison,
Et, suivant sans respect sa brutale colere,
Troubler jusqu'aux enfers le repos de mon père ?
Œdipe, quoi ! tes yeux par tes mains arrachez,
Tes manes par ta mort de ton corps détachez,
Ton sceptre abandonné, tout ton royaume en armes,
Tes enfans divisez, nos soupirs et nos larmes,
Ne peuvent faire encor qu'un innocent peché,
Moins de toy que du sort, ne te soit reproché ?
HEMON.
Ce mal-heur m'est commun avec vostre misere,
De rougir comme vous des fautes de mon pere,
Qui, forçant tout respect, ose bien à vos yeux,
Ces astres qui pourroient en imposer aux dieux,
Passer insolemment jusqu'à cette licence
(L'amour a derobé ce mot à la naissance).
Mais, Madame, mon sens ne s'est point démenty,
Et je ne puis tenir pour un mauvais party.
Cet esprit violent, si ma crainte n'est vaine,
Pour les siens et pour soy promet beaucoup de peine ;
Et je n'ose vous dire une secrette peur
Que m'imprime en l'esprit cette mauvaise humeur.

ANTIGONE.
Quoy ! touchant nostre hymen ?
HEMON.
Ma passion, Madame,
M'a bien pû, sans sujet, mettre ces peurs en l'ame.
Non, un si beau dessein ne peut mal succeder ;
Le Ciel, qui de sa main daigna nous accorder,
Doit faire que l'effet à l'attente responde ;
La premiere faveur l'oblige à la seconde :
De ma part, je proteste, en ces divines mains,
Qu'au moins je forcerois tous obstacles humains,
Et que m'oster à vous seroit une avanture
Pour qui je serois sourd à toute la nature :
Que mon pere à mes vœux s'opposast mille fois,
J'excepterois ce point de ce que je luy dois :
Nulle raison d'Estat, nul respect de couronne,
Ne pourroient ébranler la foy que je vous donne ;
A toute authorité je fermerois les yeux,
Et je ferois beaucoup de respecter les dieux.

ANTIGONE.
Quoy que la mesme foy, que je vous ay donnée,
Me permit de parler, touchant nostre hymenée,
L'orage prest à choir dessus nostre maison
Me défend ce discours comme hors de saison :
Outre qu'ainsi qu'à vous, certaine voix secrete,
Comme nostre genie, est quelque-fois prophete,
D'une aveugle frayeur tout le sein me remplit,
Et me parle bien plus d'un tombeau que d'un lit.
Tournons donc nos pensées du costé de l'orage
Qui menace l'Estat d'un si proche naufrage.
Ce combat, cher Hemon, au moins s'est-il passé
Sans la mort de mon frere, ou sans qu'il soit blessé ?

HEMON.

Madame, c'est icy que je vous ay servie :
Polynice est vivant, mais il vous doit la vie.
Certes jamais lyon, par un autre irrité,
Au combat plus ardent ne s'est precipité
Que ce jeune lyon, chef des troupes de Grece,
N'a fait voir contre nous de courage et d'adresse ;
Son cœur payoit d'un bras dont les coups furieux
A peine s'aqueroient la creance des yeux.
Seul il force nos rangs, et de taille, et de pointe,
Ne treuve armet si fort, ny l'ame si bien jointe,
Qu'il ne fasse passage au fer qu'il a poussé
Et ne voye un soldat à ses pieds renversé.
Il donne jusqu'à nous, moins effrayé du nombre
Que s'il ne combattoit ny voyoit que son ombre,
Se jette furieux au plus fort du danger,
Et prodigue son sang comme un bien estranger.
Sous sa main tousjours haute, et tousjours occupée,
Son corps semble à dessein s'offrir à mon espée ;
Mais, loin d'oser sur luy tenter aucun effort,
J'ay paré mille coups qui luy portoient la mort.
L'amitié qui vous joint autant que la naissance
M'a fait contre nous mesme embrasser sa deffense :
Il conserve en sa vie un bien qui vous est deu ;
Bien mieux que sa valeur vous l'avez defendu.
Vous estiez son bouclier au milieu des alarmes,
Et vous l'avez sauvé, seule, absente, et sans armes..

ANTIGONE.

Helas ! joindre sa mort à mon cruel ennuy
Seroit bien, cher Hemon, me tuer plus que luy :
A moy bien plus qu'à luy vous rendiez cet office,
Vous sauviez Antigone en sauvant Polynice.

En effet, et vos yeux peut-estre en sont tesmoins,
Une estroite amitié de tous-temps nous a joints,
Qui passe de bien loin cet instinct ordinaire
Par qui la sœur s'attache aux interests du frere;
Et, si la verité se peut dire sans fard,
Æteocle en mon cœur n'eut jamais tant de part.
Quoy qu'un méme devoir pour tous deux m'interesse,
J'ay tousjours chery l'autre avec plus de tendresse.
Jamais nos volontez ne faisoient qu'un party.
Mais je suis tousjours mesme, et luy s'est dementy.

SCENE V.

LE PAGE, ANTIGONE, HEMON.

Le Page.
Monsieur, on tient conseil, et le roy vous demande.
Hemon.
Agreez ce devoir qu'il faut que je luy rende.
Antigone.
Allez; mais, sur tout autre, opinez pour la paix,
Et soient vos bons advis suivis de bons effets.

SCENE VI.

POLYNICE, ADRASTE, ARGIE.

Polynice, *sous une tente.*
Reste lâche et honteux de tant de compagnies

Que sous vos estendars la Grece m'a fournies,
Et dernier de cent rois en ma faveur armez,
Autant et plus que moy pour moy-mesme animez,
Enfin, j'ouvre l'oreille au conseil de la rage,
Piqué de desespoir bien plus que de courage,
Et je viens, mais plus tard que l'honneur n'eut voulu,
Vous exposer enfin ce que j'ay resolu.
C'est, mon pere, un dessein que je devois éclore
Lors qu'aux veines des Grecs le sang boülloit encore :
Les Manes indignez de tant de bons soldats
Contre ma lâcheté ne murmureroient pas,
Et j'aurois épargné tant d'illustres personnes
Dont, pour me couronner, j'ay mis bas les couronnes !
Mais, puisque cet advis me vient de mon devoir,
Quelque tard qu'il arrive, il le faut recevoir,
Et vous trouverez bon que je paye à la Grece
Le sang de tant de peuple et de tant de noblesse.
Vous avez, quoi que, sage en ce commun malheur,
Vous ne témoigniez pas vostre juste douleur,
Vous avez pris, mon pere, en l'interest d'un gendre,
Plus de part, en effet, que vous ne deviez prendre :
C'est moy, chetif, c'est moy, qui dedans vos Estats
Où vous regniez en paix sur tant de potentats,
Mauvais hoste, ay porté de ces maudites terres
Dessous un front d'amour des semences de guerres.
Le flambeau de l'hymen, qui m'allia chez vous,
Est le tison fatal qui vous consomme tous ;
Vous mettiez un serpent au sein de vostre fille,
Qui devoit étouffer toute vostre famille.
J'ay trop, certes j'ay trop fait voir de lâcheté
Pour tant de patience et pour tant de bonté ;
Autheur de tant de maux, je ne veux plus de grace,

Il est temps, ou jamais, que je vous satisfasse,
Et qu'un duel en fin, entre mon frere et moy...
Qu'avez-vous à pâlir, et d'où naist cet efroy ?

Adraste.
Dieux ! que proposez-vous ? quelle horrible avanture ?

Argie.
Hé ! Monsieur, escoutez la voix de la nature ;
Songez quel est le sang que vous voulez verser :
Sans honte et sans frayeur y pouvez-vous penser ?

Polynice.
La chose est resoluë, et la nature mesme
Souscrit à cet arrest de ma fureur extresme ;
Outre qu'elle est muette où parle la raison,
Elle ne s'entend pas avec la trahison :
Au contraire, elle enseigne à repousser l'injure,
Et condamne sur tout la fraude et le parjure.
Que doit plus la nature à mon frere qu'à moy,
Pour me lier les mains lors qu'il me rompt sa foy,
Et pour vouloir que j'erre et que je me retire
Quand mon année arrive et m'appelle à l'empire ?

Adraste.
Quelle rage, bons dieux ! vous occupe le sein ?
Ha ! mon fils, estouffez ce damnable dessein.
Si vostre ambition ne va qu'à la couronne,
Je depoüille pour vous l'esclat qui m'environne :
Venez prendre, et donner un paisible repos
Sur le throne de Lerne, ou sur celuy d'Argos ;
Là, monarque absolu, vous n'aurez point de frere
Qui vous rompe de pacte, et qui vous soit contraire ;
Là, vostre espouse et moy, devenus vos subjets,
De nos fideles soins appuyrons vos projets,

Et vostre authorité n'y sera divisée
Par aucune puissance à la vostre opposée.
POLYNICE.
Non, non, ne point regner, les dieux m'en sont tesmoins,
Est le ressentiment qui me touche le moins,
Et jamais ma couronne entre mes mains remise
N'auroit d'authorité qui ne vous fust soumise ;
Mais qu'un traistre viole avec impunité
Le respect de l'accord entre nous arresté,
Et que j'observe aprés celuy de la naissance,
Une vertu si lâche excede ma puissance :
Il faut trop de foiblesse à pouvoir l'exercer.
On étouffe aisément qui se laisse presser.
Non, ma mere elle-mesme au milieu de nos armes,
Ny mes sœurs à mes pieds, les yeux baignez de larmes,
Quelque droit qu'Antigone ait dessus mes esprits,
Ne destourneroient pas le dessein que j'ay pris ;
Ou sa vie ou la mienne, importunes sangsuës,
Doivent crever du sang dont elles sont repeuës.
M'en reste-il à boire, et ne voudriez-vous point
Qu'à ce que j'en ay pris le vostre encor fust joint ?
Tydée, de tes jours j'ay la course bornée,
Des tiens, Hyppomedon, et des tiens, Cappanée :
Par moy, braves heros, sont veuves à la fois
Vos femmes de maris, et vos villes de rois ;
Et sans confusion je verrois leur veuvage !
Non, non, trop de justice à ce devoir m'engage,
Et trop de honte est jointe à mon retardement.
(Baisant Argie.)
Adieu, vous que mon cœur aima si tendrement,
Et que le Ciel doüa d'une vertu si rare,
Un eternel adieu peut-estre nous separe ;

Mais monstrés vostre force à dompter vos douleurs,
Et ne m'obligez point à la honte des pleurs;
Et vous, sage vieillard, digne d'un autre gendre,
Ayez soin que la terre au moins couvre ma cendre,
Et m'ouvrez le passage à l'empire des morts,
Dérobant aux corbeaux le butin de mon corps.
Aprés, pour vostre fille employez vostre zele :
Treuvez-luy dans la Grece un party digne d'elle,
Et que cet autre hymen luy puisse estre aussi doux
Que le premier fut triste et pour elle et pour vous.
(Il s'en va.)

Argie.

Polynice, hé ! mon pere, arrestez ce barbare !
Qu'il differe un moment la mort qu'il me prepare,
Et qu'il reçoive au moins l'adieu que je luy dois;
Cessez, pleurs et souspirs qui m'estouffez la voix.

ACTE II.

SCENE PREMIERE.

POLYNICE, L'ESPÉE A LA MAIN AUX PIEDS
DES MURAILLES DE THEBES,
UN CHEF DES GRECS.

POLYNICE.

Là, si ton lâche cœur enfin se peut resoudre,
Tu laisseras la vie, ou j'y mordray la poudre;
Là ton sang ou le mien signera nostre foy,
Là, de la main des dieux, Thebes prendra son roy.
Sors donc, traistre : l'honneur à ce devoir t'engage;
La diligence icy doit prouver le courage,
Et, depuis le deffi que mes traits t'ont porté,
Chaque instant qui se perd marque ta lâcheté.
Ha! qu'un fâcheux devoir de ta ville t'arrache!
Qu'un traistre a peu de cœur, et qu'un perfide est lâche!
Quel employ t'a desja tant de fois retenu?
Il ne faut point d'aprest à paroistre tout nu.

Un Chef des Grecs.
En ces effets, bien moins de valeur que de rage,
La nature, Seigneur, dispense le courage ;
Vous auriez plus de cœur, si vous en aviez moins.
Polynice.
Laissez juger aux dieux, ne soyez que tesmoins.

SCENE II.

ANTIGONE sur les murailles, POLYNICE.

Antigone.
Polynice, advancez, portez icy la veuë,
Souffrez qu'aprés un an vostre sœur vous saluë.
Mal-heureuse, hé ! pourquoy ne le puis-je autrement ?
Quel destin entre nous met cet esloignement ?
Aprés un si long temps, la sœur revoit son frere
Et ne luy peut donner le salut ordinaire,
Un seul embrassement ne nous est pas permis,
Nous parlons separez comme deux ennemis.
Hé ! mon frere, à quoy bon cet appareil de guerre,
A quoy ces pavillons sur vostre propre terre ?
Contre quel ennemy vous estes-vous armé ?
Ne trembleriez-vous pas, si je l'avois nommé ?
Accordez quelque chose à la loi naturelle,
Le soleil s'est caché pour semblable querelle :
Vous vous plaignez, armez et frapez à la fois,
Est-ce de la façon qu'on demande ses droits ?
Estoit-il d'un bon frere, et d'un prince modeste,

De paroistre d'abord en cet estat funeste,
Et de fouler aux pieds, sur un simple refus,
Tout respect de nature, et ne l'écouter plus?
Mon frere, au nom des dieux protecteurs de la Grece,
Car vers eux maintenant votre zele s'adresse,
Et vous n'en gardez plus pour les dieux des Thebains,
Au nom d'Argie, encor, que j'ayme et que je plains,
Voyant qu'on luy prepare un si proche veuvage,
Au nom d'Adraste, enfin, domptés ce grand courage;
Ne vous acquerez pas, par vostre dureté,
Un renom odieux à la posterité.
O nature, toy-mesme, à toy-mesme contraire,
Voy que, le fer en main, un frere attend son frere.
Cruel, hé! quel effet pretend vostre courroux?
Duquel que le sang coule, il coulera de vous?
L'un ne le peut verser sans la perte de l'autre,
En respandant le sien vous repandrez le vostre;
Il ne differe point, ce n'est qu'un mesme sang,
Que vous avez puisé dedans un mesme flanc.

POLYNICE.

C'est d'où nous vient aussi mesme droit à l'empire,
Que son ambition pretend de m'interdire,
Et ce qui l'obligeoit à me garder sa foy,
Comme digne action et d'un frere et d'un roy.
Pour vous, ma chere sœur, pieuse et sage fille,
Gloire du sang d'Œdipe, honneur de sa famille,
Croyez qu'il me déplaist, et tres-sensiblement,
De vous devoir dedire une fois seulement;
Mais, par cette amitié si parfaite et si tendre
Par où je connois bien que vous me voulez prendre,
Et pour qui j'aurois peine à vous rien refuser,
De moy-mesme aujourd'huy laissés-moy disposer;

Outre mon interest et celuy de la Grece,
Mon honneur, plus que tout, à ce devoir me presse :
J'arme pour le bon droit, luy pour la trahison;
Il tient pour l'injustice, et moy pour la raison.

ANTIGONE.

Voila donc cette sœur qui vous estoit si chere
Econduite aujourd'huy d'une seule priere !
Hé quoy! cette amitié, qui nasquit avec nous,
De qui, non sans raison, Æteocle est jaloux,
Et par qui je voy bien que je luy suis suspecte,
Ne pouvant l'honorer comme je vous respecte;
Cette tendre amitié reçoit donc un refus?
Elle a perdu son droit, et ne vous touche plus?
Au moins si de si loin vous pouviez voir mes larmes,
Peut-estre en leur faveur mettriez vous bas les armes :
Car je n'oserois pas encor vous reprocher
Que vous soyez plus dur et plus sourd qu'un rocher.
Encore à la nature Æteocle deffere,
Il se laisse gagner aux plaintes de ma mere ;
Il n'a pas dépoüillé tous sentimens humains,
Et le fer est tout prest à tomber de ses mains.
Et vous, plus inhumain et plus inaccessible,
Conservez contre moy le titre d'invincible;
Moy, dont le nom tout seul vous deust avoir touché,
Dont depuis vostre exil les yeux n'ont point seché,
Moy, qui, sans vous mentir, trouverois trop aisée
Quelque mort qui pour vous pust m'estre proposée;
Moy, mal-heureuse en fin, qui vous prie à genoux,
Moins pour l'amour de moy que pour l'amour de vous

POLYNICE.

Si quelque sentiment demeure aprés la vie,
Que je vous sçaurois gré de me l'avoir ravie !

Plutost, ma chere sœur, que de me commander
Ce que ma passion ne vous peut accorder,
Venez m'oster ce fer, oüy, venez, mais sur l'heure
Plongez-le dans mon sein et faites que je meure ;
Pour vous ma deference ira jusqu'au trépas ;
Mais je ne sçaurois vivre, et ne me venger pas.

SCENE III.

ÆTEOCLE, CREON, POLYNICE, LES DEUX CAPITAINES.

ÆTEOCLE, *sortant desarmé.*

Je viens enfin, je viens, prest à te satisfaire,
Et croy que, si plutost j'avois pû me soustraire,
Plutost dessus les lieux tu m'aurois veu rendu,
Et n'aurois pas l'honneur de m'avoir attendu.
Ma mere, à mon desceu, par Ephite advertie,
Avec tous ses efforts empeschoit ma sortie,
Dont il m'a bien déplû, car je n'ay pas douté
Que mon retardement n'enflast ta vanité.
Ton appel est, au reste, un bien que je t'envie :
J'en pretendois la gloire, et tu me l'as ravie ;
Cent fois de ce dessein mon cœur m'avoit pressé,
Et ce n'est que du temps que tu m'as devancé.
Thebes, sur qui jamais nul ne regna sans crime,
Le sort te va donner un prince legitime ;
Voyons s'il m'ostera le nom que j'en ay pris ;
Que le champ du combat en soit aussi le prix.

ANTIGONE.
Ils s'approchent, ô dieux! et nul n'y met d'obstacle.
Fuyons, ne voyons pas cet horrible spectacle.
POLYNICE.
Enfin quelque remords t'a donc fait souvenir
Que ta foy s'est donnée, et qu'il la faut tenir?
Tu m'es donc frere enfin, car ce n'estoit pas l'estre
Que de te parjurer et de traiter en traistre;
Pour nous mieux obliger, vien, signons nos accords
De nostre propre sang et sur nos propres corps.

SCENE IV.

JOCASTE, CREON, HEMON, LES DEUX CHEFS GRECS, ÆTEOCLE, POLYNICE.

CREON.
Que veut, hors de saison, cette femme importune?
HEMON.
Destourner, s'il se peut, une estrange infortune.
2. CHEF DES GRECS.
C'est leur mere; ô Nature, assiste son dessein.
JOCASTE.
Plongez, plongez, cruels, vos armes dans mon sein,
Déployez contre moy vostre aveugle cholere,
Contre moy, qui donnay des freres à leur pere;
Ou, si vous m'épargnez, ne versez pas le sang
Que vous avez puisé dans ce coupable flanc;
Accordez-le moy tout ou ne m'en laissés goutte,

Perdez-moy toute entiere, ou conservez-moi toute.
Quoy! nul de vous encor n'a mis les armes bas?
Je parle, et de vos mains elles ne tombent pas?
Si quelque pieté regne chez vous encore,
Consentez à la paix que vostre mere implore.
Si le crime vous plaist, un plus grand s'offre à vous :
Ce flanc dont vous sortez est en butte à vos coups.
Cessez donc cette guerre, ou cessez-en la tréve,
Faites qu'elle s'esteigne, ou bien qu'elle s'acheve;
Ou n'allez pas plus outre, ou passez jusqu'au bout.
Ne considerez rien, ou considerez tout.
Sus, voyons quel effet obtiendront mes prieres,
Car mes commandemens n'en obtiendroient plus gueres;
Je n'advancerois rien en vous contredisant,
J'ordonnois autrefois, et je prie à present.
A qui s'adresseront mes premieres caresses?
Tous deux également partagent mes tendresses :
Celuy-là fut absent, mais, si le pacte tient,
Celuy-cy le sera, puisque l'autre revient.
Ainsi je perds l'espoir de vous revoir ensemble,
Si ce n'est que la guerre encore vous assemble;
L'heur de vous entrevoir ne vous est pas permis;
Si vous ne vous fuyez, vous estes ennemis :
Vous estes divisez, ou de cœur ou d'espace,
La haine vous approche, et l'amitié vous chasse.
    (*A Polynice.*)
Çà, mes premiers baisers s'adresseront à vous
Qu'une si longue absence a separé de nous;
Venez les recevoir d'une approche civile,
Et déchargez vos mains de ce faix inutile.
Hé! quel est cet abord? qu'il est peu gracieux!
Pourquoy sur vostre frere attachez-vous les yeux?

Je vous couvriray tout, et, pour vous faire outrage,
Il faudroit que par moy son fer se fit passage :
Chassez de vostre esprit ce deffiant soucy,
Si ce n'est que ma foy vous soit suspecte aussi.

POLYNICE.

Ne desirez-vous point que je vous dissimule?
Ma seureté dépend de n'estre plus credule ;
La nature n'a plus d'inviolables droits,
De son propre interest chacun se fait des loix ;
Et l'épreuve m'apprend que du pur artifice
Nature, son contraire, aujourd'huy fait l'office.
Vostre parole, en fin, m'est suspecte en effet :
Ma mere pourroit bien ce que mon frere a fait.

JOCASTE.

Soupçonnés vostre mere ; ouy, j'approuve qu'en elle
Vous redoutiez d'avoir une garde infidele :
De cet indigne fais ne déchargez ce bras
Qu'aprés qu'en ma faveur le roy l'aura mis bas.

POLYNICE.

Le roy? quoy! le perfide exige encor ce titre
Durand ce differend dont le sort est arbitre ?
Vous et sa trahison l'avez donc couronné?

ÆTEOCLE.

Bien tost, bien tost, les dieux en auront ordonné.

JOCASTE.

Helas! qu'en la fureur dont vostre ame est pressée,
Vous prenez tout d'un sens contraire à ma pensée ;
Je ne viens pas icy pour aigrir vos debats,
Je luy donne ce titre, et ne vous l'oste pas.

(A Æteocle.)

Pour vous la pieté peut-estre a plus de charmes :
Approchez, Æteocle, et mettez bas les armes.

Cachez à mes regards leur flamboyant acier;
Vous les fistes lever, posez-les le premier.
   (Il met l'espée à terre.)
Vous vous craignez l'un l'autre, et moy tous deux ensemble;
Mais tous deux, pour tous deux, c'est pour vous que je tremble.
   (A Polynice.)
Mais vostre deffiance à la fin doit cesser,
Le voila desarmé : puis-je vous embrasser?
Faites icy, mes pleurs, l'office de la langue;
Mes sanglots, mes soupirs, commencez ma harangue.
Enfin les dieux, mon fils, ont exaucé mes vœux,
J'obtiens en ces baisers la faveur que je veux;
Mais fasse leur bonté, fassent mes destinées,
Que ce bon-heur me dure encor quelques années!
Vous, faites-le, mon fils, puis que vous le pouvez,
Car il me durera, si vous vous conservez.
Les bruits nous ont appris avec quelle allegresse
Et quel honneste accueil vous a receu la Grece :
Vous y vistes Adraste, et l'on dit qu'en sa cour
Vous avez fait un choix digne de vostre amour;
Mais qui dans vostre lit conduisit vostre épouse?
C'est un droit qu'on m'ostoit, et dont je suis jalouse.
Vous songeastes sans doute, en cette élection,
En quel lieu s'adressoit vostre inclination;
Mais sceustes-vous juger que, par cette alliance,
Vous nous donniez sujet de juste défiance?
Sçavez-vous sous quel joug cet hymen vous a mis?
De nos plus enragez et mortels ennemis,
Qui ne vous ont ouvert ny leurs bras ny leur terre
Que pour avoir pretexte à nous faire la guerre :
Sur ce simple doüaire, ils vous ont accordé
Ce funeste party plutost que demandé.

Aussi portiez-vous trop, leur portant les semences
De ces divisions et de ces violences :
Car quelle est cette guerre, et quels sont ses objets?
Vos parens, vos amis, vos païs, vos subjets ;
C'est ce qu'on peut nommer vostre party contraire,
De ce funeste hymen nous sommes le doüaire.
Encor suis-je obligée à vos mauvais desseins,
Et j'ayme cette guerre autant que je la crains,
Puis qu'elle m'a rendu le bien de vostre veuë,
Et que cette faveur luy devoit estre deuë.
Tout un peuple ennemy marche dessus vos pas,
Vous luy sacrifiez vostre natale terre ;
Enfin, sans vous, mon fils, je n'aurois pas la guerre,
Mais, sans la guerre aussi, je ne vous aurois pas.

POLYNICE.

Tout un peuple allié marche dessus mes pas
Pour me rendre mes droits et ma natale terre :
Il est vray que, sans moy, vous n'auriez pas la guerre,
Mais, sans la guerre aussi, je ne vous aurois pas.

ÆTEOCLE.

Tout un peuple ennemy marche dessus vos pas,
Et ne vous rendra point vostre natale terre :
Il est vray que, sans vous, Thebes seroit sans guerre ;
Mais elle aura la guerre, et vous ne l'aurez pas.

JOCASTE.

Tout mon sang, de frayeur, en mes veines se glasse.
Ma priere, cruels, n'obtient donc point de grace ?
Je n'ay pouvoir, credit, authorité, ny rang,
Et ne puis accorder mon sang avec mon sang.

POLYNICE.

Ne vous semble-t'il point que la gloire d'un prince
Soit d'errer, vagabond, de province en province?

Chassé de mes païs, de mes biens, de ma cour,
De mon partage encor, dois-je point de retour?
Que pourrois-je avoir pis, si j'estois le parjure,
Si j'avois violé les droits de la nature?
Il faut qu'un traistre regne, et que je sois banny!
Il sera le coupable, et je seray puny!
Non, non, le droit ordonne, en premiere maxime,
Le prix à l'innocence et le supplice au crime :
Je dois soustenir l'une, et l'autre l'estouffer,
Et le droit que je veux est au bout de ce fer.
            ÆTEOCLE.
Qu'un brave parle haut!
            POLYNICE.
                    Qu'un traistre tard se fâche!
            ÆTEOCLE.
Souvent tel brave tremble...
            POLYNICE.
                    Et plus souvent un lâche.
            ÆTEOCLE.
Ce cœur si haut m'estonne...
            POLYNICE.
                    Et moy, le tien si bas.
            ÆTEOCLE.
L'effet le monstrera.
            POLYNICE.
        Tu ne te hastes pas.
            JOCASTE.
Quelle gloire, bons dieux! ou plustost quelle rage
A faillir le premier met le plus de courage?
La valeur est honteuse en pareil differend,
Et la gloire appartient à celuy qui se rend.
Je sçay qu'à vostre teste il faut une couronne,

Mais que hors de chez nous vôtre main vous la donne.
Faut-il que d'un seul lieu vos desseins soient bornez,
Et ne sçaurois-je avoir deux enfans couronnez?
Montez, le fer en main, les rochers de Tymole,
Soumettez-vous les lieux que dore le Pactole ;
Osez ce qu'ont osé tant d'autres conquerans,
Tenez tout de vous seul, et rien de vos parens;
Encor en tiendrez-vous ce grand cœur en partage,
Ce cœur qui vous peut faire un si bel heritage,
Qui vous peut au besoin donner un si beau rang,
Sans que vous le cherchiez dans vostre propre sang.

POLYNICE.

Que Thebes luy demeure, et que je me retire !

JOCASTE.

Thebes, vous le savez, est un fatal empire,
Et son throsne est un lieu bien funeste à son roy;
Les exemples de Laye et d'Œdipe en font foy.

POLYNICE.

Un autre encor bien tost le fera mieux paroistre.

JOCASTE.

Cruel ! de vostre frere !

POLYNICE.

   Et de tous deux peut-estre.

JOCASTE.

Quelle obstination !

POLYNICE.

  Quelle infidelité !

JOCASTE.

Mais quoy ! son regne plaist, le vostre est redouté.
Il a gagné les cœurs.

POLYNICE.

  Et moy, moins populaire,

Je tiens indifferend d'estre craint ou de plaire.
Qui regne aymé des siens en est moins absolu ;
Cet amour rompt souvent ce qu'il a resolu.
Plus est permis aux roys à qui plus on s'oppose,
Une lâche douceur aux mépris les expose ;
Le peuple, trop aisé, les lie en les aimant ;
Il faut, pour estre aimé, regner trop mollement.
JOCASTE.
L'amour de ses subjets est une seure garde.
POLYNICE.
Souvent qui trop se fie aussi trop se hazarde.
Mais ne m'opposez plus d'inutiles avis.
Parle, ma passion, les tiens seront suivis ;
Passe au dernier excés que peut faire paroistre
L'amour d'une couronne, et la haine d'un traistre ;
Je ne puis d'aucun prix, tant fût-il infiny,
Voir l'une trop payée, et l'autre trop puny.
JOCASTE.
Bien, puis que ny sanglots, ny prieres, ny larmes,
Ne peuvent de vos mains faire tomber les armes,
Et qu'avecques raison je vous puis reprocher
Que vous portez un cœur aussi dur qu'un rocher,
Je conjure des dieux la puissance supréme
De me faire venger par vostre refus méme,
Et vous souhaite encor quelque mal-heur plus grand
Que celuy que promet ce mortel differend.
Une invincible ardeur en mes veines s'allume,
Qui d'un secret effort jusqu'aux os me consume.
Ma constance est à bout, la nature se taist,
La fureur me possede, et ce mal-heur me plaist.
Adieu, non plus mes fils, mais odieuses pestes
Et detestables fruits de meurtres et d'incestes ;

Vous ne mourrez pas seuls, et je suivray vos pas
Pour vous persecuter mesme aprés le trépas.
(*Elle s'en va furieuse.*)

Un Chef des Grecs.

Son entremise est vaine.
Hemon.

O constance barbare!

Creon, *à Æteocle*.

Enfin, le champ est libre, et rien ne vous separe.
Qui ne presse affoiblit l'effet des grands projets :
Vengez-nous, vengez-vous, et vengez vos sujets.
Æteocle.

Vostre interest, Creon, vous meut plus que ma gloire;
Vous pressez le combat, et craignez la victoire.
Vous sçavez qu'aprés nous le sceptre des Thebains,
Par ordre et droit de sang, doit tomber en vos mains;
Mais les garde le Ciel de vostre tyranie!
Voicy parquoy sera vostre attente banie;
Choisissons, icy prés, un champ plus spacieux,
D'où l'un et l'autre camp nous considere mieux,
Et que le sort aprés conduise l'avanture.
Polynice.

Faisons tost.
Hemon, *les suivant*.
O journée honteuse à la nature!

ACTE III

SCENE PREMIERE.

ANTIGONE, EN DEUIL DANS SA CHAMBRE.

Inconstante reyne du monde,
Qui fais tout par aveuglement,
Sans dessein et sans fondement,
Et sur qui toutefois toute chose se fonde,
Pousse ta rouë, et ne te lasse pas,
Fais que son tour s'acheve,
Il faudra qu'elle nous releve
Aprés nous avoir mis si bas.

Tels que d'une mer agitée
On voit les flots, s'entre-suivans,
Se fuir aprés au gré des vents,
Et ne tenir jamais une assiette arrestée.
Tel est ton ordre aux biens que tu nous fais :

Tu nous caresses, tu nous frappes,
Tu viens à nous, tu nous échappes,
Et tu ne t'arrestes jamais.

Mais pourquoy, trompeuse deesse,
S'il est vray que tu n'as point d'yeux,
Est-ce plutost à de hauts lieux
Qu'à des toicts de bergers que ta rigueur s'adresse?
Tu ne peux voir sur la teste d'un roy
L'éclat que tu luy donnes,
Et qui tient de toy des couronnes
A tousjours guerre avecques toy.

SCENE II.

HEMON, ANTIGONE.

ANTIGONE.
Tu reviens seul, Hemon : ô sinistre presage!
Que je lis d'infortune aux traits de ton visage!
HEMON.
Il vous faut divertir par un autre entretien.
ANTIGONE.
Helas! tu me dis tout en ne me disant rien.
HEMON.
Madame, je croyois que la commune plainte
Vous eust desja livré cette sensible attainte,
Et fut cause du deüil que je rencontre icy.

ACTE III, SCENE II.

ANTIGONE.

Æteocle est donc mort ?

HEMON.

Et Polynice aussi.
Faites à ce grand cœur faire un effort extresme,
Opposez la nature à la nature mesme.
L'ennuy d'un tel malheur ne peut estre leger,
Mais la part que j'y prens le doit bien alleger.

ANTIGONE.

O prodige ! ô combat digne de son yssuë,
Où plus que les vaincus la nature est vaincuë,
Où le crime s'est vû par le crime étouffer,
Où l'impieté seule a droit de triompher !
Faites-m'en le recit.

HEMON.

Vostre douleur peut-estre...

ANTIGONE.

Non, elle est en un poinct où rien ne peut l'accroitre ;
Mes sens, par son excez, sont demeurez perclus ;
Pour la trop ressentir, je ne la ressens plus.

HEMON.

Quand leur haine obstinée eut rendu de la reyne
Le pouvoir sans effet et la priere vaine,
Et qu'au champ du combat chacun d'eux consentit,
La rage s'y vint rendre, et nature en sortit.
Pareils à deux lyons et plus cruels encore,
Du geste chacun d'eux l'un l'autre se devore :
Avant qu'en estre aux mains, ils combattent des yeux,
Et se lancent d'abord cent regards furieux.
Enfin, d'un maintien grave et d'une voix altiere,
Polynice tout haut pousse cette priere :
« O dieux ! si quelque-fois vous consentez au mal,

Quand il semble ordonné par un decret fatal,
Et qu'on en peut nommer la cause legitime,
Guidez ce bras vengeur et soustenez mon crime ;
Aprés, pour l'expier, à moy-mesme inhumain,
Dedans mon propre sang je laveray ma main,
Si ce traistre y peut voir le sceptre qu'il me nie,
Avant que de son corps son ame soit bannie,
Et s'il peut, en mourant, emporter avec soy
Le regret de sçavoir que je survive roy. »
Là commence l'approche, où l'ardeur qui les presse
Pratique aux premiers coups quelque art et quelque adresse;
Ils passent sans effet, et d'une et d'autre part,
Mais bien tost la fureur l'emporte dessus l'art :
Chacun voulant porter, et chacun voulant rendre,
Quitte, pour attaquer, le soin de se deffendre,
Et tous deux, tout danger à leur rage soumis,
S'exposent aussi nuds que s'ils estoient amis.
Mais, aprés que, pareils de force et de courage,
Ils ont gardé long-temps un égal advantage,
De Polynice, en fin, le sort guide le bras,
Il pousse un coup mortel qui porte l'autre à bas.

ANTIGONE.

Et le Ciel à ce crime a presté sa lumiere !

HEMON.

Le roy tombe, et son sang coule sur la poussiere;
Mais en sa cheute encor sa haine se soutient,
Et son cœur veut éclore un espoir qu'il retient.
Couleur ny mouvement ne reste à son visage,
Il semble que des sens il ait perdu l'usage :
Il le reserve tout pour un dernier effort,
Et sçait encor tromper dans les bras de la mort.
Polynice, ravy d'une fausse victoire,

Dont bien tost sa deffaite effacera la gloire,
Levant les mains au iel, s'écrie à haute voix :
« Soyez benis, ò dieux, justes juges des roys !
Thebes, dessus ma teste apporte ta couronne :
Elle est mienne, et le sang par deux fois me la donne ;
Apporte, ceste veuë hastera son trespas,
Ma teste achevera l'office de mon bras. »
Il s'approche à ces mots, luy veut oster l'espée ;
Mais sa main est à peine à cette œuvre occupée
Que l'autre, ramassant un reste de vigueur
Que la haine entretient à l'entour de son cœur,
Retire un peu le bras, puis, le poussant d'adresse,
Luy met le fer au sein, que mourant il y laisse.
Polynice, à ce coup, mortellement atteint,
Une froide pâleur s'emparant de son teint :
« Quoy ! ta rage, dit-il, n'est donc pas assouvie,
Et tes desloyautez ont survécu ta vie !
Ta perfidie arreste où ton ame n'est pas ;
Atten-moy, traistre, atten, je vais suivre tes pas ;
Et, plus ton ennemy que je ne fus en terre,
Te porter chés les morts une immortelle guerre.
Là nos ames feront ce qu'icy font nos corps,
Nous nous battons vivans, et nous nous battrons mors. »
Avecque ce discours il acheve sa vie ;
La lumiere à ses yeux est pour jamais ravie ;
Et nous, le cœur transi de frayeur et d'ennuy,
Demeurons sur le champ presque aussy morts que luy.

ANTIGONE.

Que vostre mort, ma mere, est un bien que j'envie,
Et qu'il me seroit doux de vous avoir suivie !
Venez voir, cher Hemon, si le Ciel en courroux

Peut lâcher quelque trait qu'il n'ait lâché sur nous ;
Entrez en cette chambre.

SCENE III.

ISMENE, ANTIGONE.

Ismene.
    O barbare sentence !
Antigone.
Quel ennuy doit encor éprouver ma constance ?
Ismene.
Sçavez-vous du combat le succez mal-heureux ?
Antigone.
Oüy, digne de leur rage et funeste à tous deux.
Ismene.
Sçavez-vous que Creon succede à la couronne ?
Antigone.
C'est un bien qu'on luy doit et que le sang luy donne.
Ismene.
Sçavez-vous la rigueur de son premier edit ?
Antigone.
Non, Hemon est icy, qui ne m'en a rien dit.
Ismene.
Il fait d'un acte impie un acte de justice :
Il deffend d'inhumer le corps de Polynice,
Et, declarant ce prince ennemy de l'Estat,
Condamne l'infracteur comme d'un attentat.

SCENE IV.

HEMON, ISMENE, ANTIGONE.

HEMON.

Certes jamais le sort n'a sur humaine race
Tant versé, pour un jour, de peine et de disgrace.
Quoy! Jocaste deffaite! ô destin inhumain!

ANTIGONE.

Vous voyez en sa mort une œuvre de sa main :
Heureuse et douce mort, puis qu'elle a sceu par elle
De celle de ses fils prévenir la nouvelle.
Voyez si ma constance a de quoy s'exercer,
Mais ma peine, ou ma vie, enfin pourra cesser.
Cette raison, au moins, en mon mal me conforte,
Que, s'il n'est supportable, il faudra qu'il m'emporte.
Mais, de grace, Seigneur, accordez aujourd'huy
Un peu de solitude à ce cruel ennuy,
Et me prouvez la part que vous y daignez prendre
En laissant à mes pleurs le temps de se répandre.

HEMON.

Je serois plus cruel que vos propres douleurs
Si je vous desniois la liberté des pleurs.
Adieu ; mais treuvez bon qu'en ce mal-heur extréme
Je vous laisse vous-mesme à garder à vous-méme :
Domptez de vostre sort l'implacable courroux,
Et que vostre vertu me responde de vous.

SCENE V.

ANTIGONE, ISMENE.

ANTIGONE.

C'est bien visiblement, ma sœur, ma chere Ismene,
Que le Ciel aujourd'huy nous declare sa haine,
Et que son bras vengeur, poussé par son courroux,
Poursuit encore Œdipe et le punit en nous ;
Sa parricide erreur nous fut un coup funeste,
Et vierges nous portons la peine d'un inceste.
Nos deux freres sont morts, ma mere suit leurs pas,
Et le Ciel toutefois ne se satisfait pas ;
Il suscite un tyran, eslevé par leur cheute,
Dont le regne insolent desja nous persecute,
Qui veut priver les morts du repos des tombeaux
Et voüer nostre sang à la soif des corbeaux.

ISMENE.

On dresse, par son ordre, un appareil celebre,
Pour honorer le roy de la pompe funebre,
Et, comme un deffenseur de l'Estat et des siens,
Il luy fait decerner les honneurs anciens ;
Mais il veut que cent ans l'autheur de cette guerre,
Ombre vaine et plaintive, aux noirs rivages erre,
Et deffend que son corps, sang d'Œdipe et de nous,
Ait d'autre monument que le ventre des loups.
Telle qu'est cette loy, telle est aussi la peine :
La premiere est impie, et l'autre est inhumaine,

Car entr'elles il met ce funeste rapport,
Qu'on enterrera vif qui l'enterrera mort.
Antigone.
L'ordonnance avec soy porte sa fin expresse;
C'est à nous qu'elle parle, à nous qu'elle s'adresse :
La racine arrachée et les arbres destruits,
Le cruel veut encore exterminer les fruits.
Or il est temps, ma sœur, de monstrer qui nous sommes
Et qui peut plus sur nous, ou des dieux, ou des hommes ;
C'est icy que le sang et la condition
Ne nous permettent pas une lâche action.
La vertu doit ici forcer la tyrannie ;
Peut-estre que plus foible elle sera punie.
Mais, de tant de tourmens que nous livre le sort,
Il ne peut, aprés tout, arriver qu'une mort.
Enfin, exprés, ma sœur, j'ay voulu qu'Hemon mesme,
Qui prend mes interests et qui sans feinte m'aime,
Pour ne s'opposer pas à ce triste devoir,
Nous laissast le lieu libre et n'en pût rien sçavoir.
Ismene.
Dieux ! que proposez-vous, et que pouvons-nous faire
Qui ne soit inutile au repos de mon frere?
Antigone.
Acquittons-nous, au moins, selon nostre pouvoir.
Ismene.
Mais, ma sœur, l'impuissance excuse le devoir.
Antigone.
Quoy! vous deffendez-vous d'un si pieux ouvrage ?
Ismene.
L'esperance me manque, et non pas le courage.
Antigone.
Quand l'une peut manquer, l'autre est bien imparfait !

Ismene.
Que profite un espoir qui n'obtient point d'effet?
Antigone.
En ces precautions la foiblesse est visible.
Ismene.
La promptitude aussi bien souvent est nuisible.
Antigone.
Pour un acte si juste, avoir le cœur si bas!
Ismene.
L'acte est juste, il est vray, mais Creon ne l'est pas.
Antigone.
Et, s'il est inhumain, serez-vous inhumaine?
Ismene.
J'abhorre l'ordonnance, et redoute la peine.
Antigone.
Le dessein sans effet est aussi sans merite.
Ismene.
Mais le dessein suffit, si l'effet ne profite.
Antigone.
N'est-ce pas profiter que d'inhumer les morts?
Ismene.
Non; car Creon, enfin, rendroit vains nos efforts.
Antigone.
Demeurez donc, Ismene, et sauvez-vous la vie,
Comme un tresor bien rare et bien digne d'envie;
Nos jours sont, en effet, si bien traitez du sort
Que vous avez raison de redouter la mort.
Ismene.
Considerez, ma sœur, que, restant sans deffense,
Le pur rebut du sort et la mesme impuissance,
Filles, pour dire assez que nous ne pouvons rien,
Un peu d'abaissement aujourd'hui nous sied bien;

ACTE III, SCENE V.

Ce n'est pas qu'en effet nostre soin se refuse,
Le sang convie assez, mais la foiblesse excuse;
Et desja mon devoir s'en seroit acquitté
S'il ne falloit ceder à la necessité.

ANTIGONE.

Quelque consentement que vous puissiez produire,
Je vois qu'il pourroit moins me servir que me nuire :
Qui n'est pas asseuré travaille mollement,
Et souvent destruit tout par le retardement.
Seul, on s'acquitte mieux d'une grande entreprise,
Le travail s'affoiblit alors qu'il se divise :
Laissez-m'en donc le soin, et, sage à vostre sens,
Rendez-vous à la force, et prenez loy du temps.

ISMENE.

J'envie à ce grand cœur cette grande asseurance;
Mais pour les loix, enfin, j'ay plus de reverence.

ANTIGONE.

J'en aurois comme vous, mais j'en userois mieux,
Et voudrois que les loix en eussent pour les dieux.

ISMENE.

Ha! que vous me causez une frayeur extréme !

ANTIGONE.

Ne m'espouvantez point, et tremblez pour vous-mesme.

ISMENE.

Soyez secrette au moins, comme je vous promets
Que par moy ce dessein ne se saura jamais.

ANTIGONE.

Si rien est à cacher, cachez vostre foiblesse;
Je fais gloire, pour moy, que ma vertu paroisse.

ISMENE.

Comme dans les dangers vous vous precipitez !

Antigone.
Avec autant d'ardeur que vous les evitez.

Ismene.
Je vous l'ay dit cent fois, cette œuvre sera vaine.

Antigone.
Bien ; mon pouvoir cessant fera cesser ma peine.

Ismene.
Mais ce n'est pas assez d'entreprendre ardemment.
L'honneur de l'entreprise est en l'evenement.

Antigone.
Vos raisons, comme vous, sont de si peu de force
Que, loin de m'arrester, cet obstacle m'amorce.
Laissez indifferend mon bon ou mauvais sort ;
Voyez, si je peris, mon nauffrage du port.
Pour moy, je tiens plus chere et plus digne d'envie
Une honorable mort qu'une honteuse vie ;
Et de mes ans, enfin, voir terminer le cours,
Ne sera qu'arriver où je vais tous les jours.

Ismene.
Allez donc, et le Ciel, pour vous et pour mon frere,
Conduise ce dessein mieux que je ne l'espere.
Mais vos soins, si mon cœur ne m'abuse aujourd'huy,
Preparent un cercueil plus pour vous que pour luy.

SCENE VI.

ARGIE, MENETE, Vieillard, une lanterne
en main sur les ramparts ou s'est fait le combat.

MENETE.
Madame, vous cherchez vostre perte visible.
ARGIE.
C'est bien ma perte, helas! elle m'est bien sensible.
MENETE.
Je dis de vostre vie.
ARGIE.
Hé! le mesme trespas
Qui l'oste à mon espoux ne m'en prive-t'il pas?
Menete, voulez-vous qu'en ce mal-heur extréme
J'abandonne aux corbeaux la moitié de moy-méme,
Et que l'injuste arrest qu'on nous a rapporté
Jusqu'au repos des morts porte sa cruauté?
Peut-estre que desja Polynice m'accuse
De luy rendre si tard l'honneur qu'on luy refuse :
S'il ne l'a pas, j'ay tort; s'il l'a, j'ay tort aussi,
Car c'est à mon devoir qu'appartient ce soucy;
C'est pour ce triste soin, dont mon devoir me presse,
Que je me suis soustraite aux troupes de la Grece,
Qui, le siege levé, par un honteux départ,
Souffre cette injustice et n'y prend point de part.
MENETE.
Pour ne nous pas tromper, ne prenons autre voye

Que celle des oyseaux qui vont à cette proye ;
L'infection des corps vient desja jusqu'à nous :
Icy furent portez et rendus tant de coups ;
Voicy le champ fertile en tant de funerailles ;
Thebes n'est pas fort loin, j'entrevois ses murailles.

Argie.

O Thebes ! autrefois l'objet de mes desirs,
Maintenant le sujet de tous mes déplaisirs,
A qui pourtant le Ciel soit encore propice,
Si ta pitié me rend le corps de Polynice !
Tu vois en quel estat, femme et sœur de tes roys,
Je me presente à toy pour la premiere fois :
Voy, perfide cité, quelle pompe environne
Celle qui justement pretendoit ta couronne.
Ce n'est pas elle aussi qui guide icy mes pas,
Et mon ambition ne te déplaira pas ;
Je ne cherche qu'un mort, je ne veux que sa cendre,
Je ne t'oste qu'un soin que tu ne daignes prendre :
Me le desnieras-tu ? Rends, cruelle, rends-moy
Celuy que tu chassois comme indigne de toy ;
A qui tu fus perfide autant que legitime,
Qui fut ton roy sans sceptre, et ton banny sans crime.
Et toy, mon cher espoux, s'il reste aprés les morts
Quelques manes errans allentour de leurs corps,
Guide-moy par les tiens à ce funeste office,
Que Polynice m'aide à treuver Polynice ;
C'est toy seul que je cherche en ces funestes lieux,
Daigne, encor une fois, te monstrer à mes yeux.

SCENE VII.

ANTIGONE, MENETE, ARGIE.

MENETE.
Madame, contentez la douleur qui vous presse :
Nous sommes apperceus, quelqu'un vers nous s'adresse.
ANTIGONE.
Quel dessein temeraire adresse icy tes pas.
MENETE.
Ce qui l'y fait venir ne vous regarde pas ?
ANTIGONE.
Vient-elle oster aux morts les larmes que je verse,
Et mettre empeschement à ce triste commerce ?
Quel interest l'y pousse, et quel est son soucy ?
Ce soin est tout à moy, seule j'ay droit icy.
ARGIE.
Si quelqu'un de ces morts vous cause de la peine,
Et si, comme je crois, mesme dessein nous meine ;
Si mesme de Creon vous craignez le courroux,
Je pourray sans danger me declarer à vous :
Hier femme, aujourd'huy veuve de Polynice,
Je venois à son corps rendre un dernier office ;
Croyant qu'à la faveur du voile de la nuit...
ANTIGONE, *l'embrassant.*
Est-ce Argie ? O ma sœur, quel bon-heur me conduit ?
Ou plutost, quel destin, à mon bon-heur contraire,
Fait que, quand je vous vois, je ne vois plus mon frere ?
Tant qu'il eust ce plaisir, ses sœurs ne l'eurent point ;

Ses jours nous separoient, et son trespas nous joint.
Quelque part que pour vous mon cœur prist en sa flamn
Je ne vois que sa veuve, et n'ay point veu sa femme ;
Enfin, un mesme soin nous fait treuver icy ;
Ce qui méne Antigone améne Argie aussi.

ARGIE.

Antigone, ma sœur, quelle premiere veuë !
Qui l'eust imaginée, ou qui l'eust attenduë ?
Que pour nous la fortune a de fausses douceurs !
Commençant de nous voir, nous cessons d'estre sœurs.
Je n'ay pû vous monstrer la sensible allegresse
De me voir jointe à vous que quand la cause en cesse ;
Encore, en ce mal-heur, dois-je benir le sort
Qui me monstre la sœur, lorsque le frere est mort ;
Au deffaut de l'objet, son image, contente,
Encor voy-je de luy quelque chose vivante :
Vos corps furent formez dedans un mesme flanc,
Vous ne fustes qu'un cœur, et qu'une ame, et qu'un sang.

ANTIGONE.

Ce n'est pas sans raison que sa perte m'est dure,
L'amitié nous joignoit bien plus que la nature.

ARGIE.

Aussi, ma chere sœur, les dieux m'en sont tesmoins,
Son trosne estoit l'aimant qui l'attiroit le moins ;
Ny repos, ny païs, ny mere, ny couronne,
Ne luy fut en objet à l'égal d'Antigone ;
Jour ny nuit n'ont passé qu'il ne parlast de vous,
Et non sans que mon cœur en fust un peu jaloux :
Car, à voir quelle part nous avions en son ame,
Je paroissois sa sœur, et vous sembliez sa femme.
Mille fois pour vous voir il a, de ces remparts,
Devers Thebes jetté les yeux de toutes parts ;

Mais las! il vous a veuë, et cette veuë est vaine,
Elle n'a diverty sa mort ny nostre peine :
Nous n'esperions qu'en vous, et, contre nostre espoir,
Il a pû, sans fléchir, vous entendre et vous voir ;
Il s'est pû, cette fois, deffendre de vos charmes.
ANTIGONE.
Helas! il consultoit de mettre bas les armes;
Et desja son courroux estoit presque amorty,
Mais si mal à propos Æteocle est sorty
Qu'il m'a ravy le temps.
MENETE.
Craignant quelque surprise,
Allons chercher le mort, achevons l'entreprise,
Et faites quelque tréve avecque vos douleurs.
ANTIGONE.
Allons, dessus son corps nous répandrons nos pleurs,
Son corps, où fut mon sang....
ARGIE.
Son corps, où fut mon ame.
ANTIGONE.
Quel employ pour sa sœur!
ARGIE.
Quelle nuit pour sa femme

ACTE IV

SCENE PREMIERE.

CREON Roy, CLEODAMAS, EPHYTE,
Gentils-hommes du Roy.

Creon.

Enfin l'Estat est calme, et les dieux ont permis
Que l'orage tombast dessus nos ennemis.
Enfin, Thebes, enfin, la voix de ton Prophete
Des volontez des dieux est fidele interprete ;
Son oracle est suivy de visibles effets,
La mort de Mœnecée a produit cette paix.
Par un sort tout ensemble et propice et contraire,
La ruine du fils a couronné le pere ;
Pour profiter pour moy, luy-mesme s'est perdu ;
Pour eslever mon sang, mon sang s'est respandu ;
Mais plaindre son trespas est alterer sa gloire,
Luy seul, tout mort qu'il est, nous gaigne la victoire.
Le public interest condamne mes douleurs,
Et ravit à mes yeux la liberté des pleurs ;

Sa mort esteint du Ciel la fureur vengeresse,
Chasse de son pays les forces de la Grece,
Renverse Polynice et sa temerité,
Et luy couste un trépas justement merité.
Æteocle avec cœur a pris nostre deffense,
Aussi sçay-je des deux faire la difference :
J'entens qu'avec ma cour, toute la ville en deüil,
Demain, rende au dernier les honneurs du cercueil ;
Mais mon authorité ne peut sans injustice
Décerner ces honneurs au corps de Polynice :
Il importe à l'Estat qu'un ennemy juré,
Qui s'est ouvertement contre luy declaré,
De sa rebellion reçoive le supplice,
Et demeure privé de ce funebre office.

CLEODAMAS.

Un grand roy pese tout d'un contrepoids égal,
Rend le bien pour le bien, et le mal pour le mal :
Que Thebes aujourd'huy dressast des funerailles
A qui vouloit hier abatre ses murailles,
Qui marchoit sur les siens pesle-mesle accablez,
Qui fit avec le feu la moisson de ses bleds,
Et qui demain, peut-estre, eust pû voir avec joye
Embraser par les Grecs cette seconde Troye ;
Qu'elle luy decernast les honneurs du tombeau,
Ce zele est sans exemple, et seroit tout nouveau.

EPHYTE.

C'est trop, Cleodamas, exagerer son crime.
Que sa pretention fust ou non legitime,
Encor ce traitement paroist-il inhumain ;
Il fut homme, il fut noble, il fut prince et Thebain.
Je veux qu'il soit coupable ; il laisse en son offense
Une matiere au roy d'exercer sa clemence.

D'un regne commençant la premiere action
Fait dessus les esprits beaucoup d'impression,
Et la douceur y trace une secrette voyë
Par où le joug passant se reçoit avec joye :
La rigueur, au contraire, en ces evenemens,
Jette au pouvoir des roys de mauvais fondemens ;
A peine il s'establit qu'on souhaitte qu'il cesse,
Et tout joug nous desplaist quand d'abord il nous presse.
Sire, outre ces raisons, que vostre pieté
Lie aujourd'huy les mains à vostre authorité ;
Donnés à vostre regne un favorable augure,
Accordés la justice avecque la nature ;
Regnez sur les esprits premier que sur les corps ;
Faites honneur aux dieux en faisant grace aux morts.

CREON.

O fol raisonnement ! specieuse foiblesse !
Sur toutes laschetez, ce faux zele me blesse.
Quoy donc ! pour un impie il faut estre pieux,
Et faire grace au crime est faire honneur aux dieux !
Depuis quand, des deux poincts d'où dépend la justice,
A, leur sacré conseil, retranché le supplice,
Et fait, par un desordre à leur gloire fatal,
De la source du bien la semence du mal ?
Quoy ! venir embrazé d'une aveugle furie,
Verser le sang des siens, ruïner sa patrie,
La rage dans le cœur et les armes au poing,
Est estre cher aux dieux et meriter leur soing ?
Non, non, c'est de nos maux faire le Ciel complice,
C'est de la pieté faire un appast au vice ;
Contredire son roy sur un si juste arrest,
C'est ne pouvoir plier sous un joug qui déplaist
Et du zele indiscret, et partisan du crime,

Pallier le refus d'un zele legitime.
Mais, ou l'on m'ostera la qualité de roy,
Ou mon authorité maintiendra cette loy.
Du corps de ce mutin, gisant sur la poussiere,
Le ventre des corbeaux sera le cimetiere ;
Et se tienne asseuré d'un cruel chastiment,
Quiconque luy destine un autre monument.

CLEODAMAS.

Sire, quel mal-heureux, aprés vostre deffense,
Pour l'interest d'un mort prendroit cette licence ?

CREON.

Tousjours quelque rebelle, en un regne naissant,
Croit faire un coup d'Estat en desobeyssant,
Et se jette, à clos yeux, au danger plus extréme,
Au mespris de son prince, au mespris de soy-mesme.
Mais son crime est utile, et contient quelquefois
De plus mutins que luy dans le respect des loix ;
Suffit que, si mon fils enfraignoit ma deffense,
Son sang, son propre sang, en laveroit l'offence,
Et que j'ay des Argus aux costeaux d'allentour,
Qui feront leur devoir d'y veiller nuit et jour.

SCENE II.

UN GARDE, CREON, CLEODAMAS, EPHYTE.

LE GARDE.

O vertu criminelle ! ô pieté funeste,
Du mespris de la mort preuve trop manifeste !

CREON.
Qu'est-ce? quelle nouvelle?
LE GARDE.
Ha! quel est mon mal-heur,
D'avoir esté commis pour instrument du leur!
CREON.
Quoy! desja mon edict a trouvé des rebelles?
LE GARDE.
Sire, pour faire oüir de mauvaises nouvelles,
Qu'il faut faire sur soy de violens efforts,
Et qu'on a de contrainte à les mettre dehors!
La princesse Antigone...
CREON.
O mal-heureuse fille,
Sur qui j'establissois l'espoir de ma famille!
O race detestable et digne de son sort!
LE GARDE.
Secondée, à ce soin, par la veuve du mort,
Vient d'estre auprés du corps dessus l'heure surprise,
De son funebre office achevant l'entreprise;
Deux de mes compagnons, qui l'amenent icy,
Vous la vont presenter, et l'estrangere aussi.
EPHYTE.
Le Ciel a, jusqu'au bout, versé sur cette race
Disgrace sur mal-heur et mal-heur sur disgrace.
CREON.
O masque de vertu! que ta fausse beauté
Couvre d'hypocrisie et de desloyauté!
Quoy! cette miserable à mon fils destinée
Sur le poinct d'accomplir cet heureux hymenée,
Declare maintenant sa haine contre moy,
Son refuge, son oncle, et son pere, et son roy.

Non, j'aurois plutost crû que toute une province
Se deust monstrer rebelle au vouloir de son prince
Et secoüer le joug de son commandement,
Que je n'eusse eu pour elle un soupçon seulement.
(*Avisant les gardes.*)
Amenez cette peste, et qu'on cherche une peine
Egale à son forfait, et digne de ma haine.

SCENE III.

CREON, CLEODAMAS, EPHYTE, LE TROISIÈME GARDE, ANTIGONE, ARGIE, MENETE.

CREON.

Voyez quelle asseurance en cet œil effronté !
Quel superbe maintien et quelle égalité !
D'un seul signe d'effroy ce front est-il capable ?
Qui de nous semble mieux le juge ou le coupable ?
Parle, t'a-t'on surprise en ce fatal devoir
Qui si visiblement contredit mon pouvoir ?

ANTIGONE.

Non, on m'a prise, Sire, on ne m'a pas surprise.
On ne sçauroit surprendre en si juste entreprise.

ARGIE.

J'ay seule transgressé cet arrest inhumain ;
Sire, elle n'a rien fait que me prester la main.

MENETE.

C'est à moy, Sire, à moy qu'en est deu le supplice ;

Je suis autheur de tout, elle n'est que complice.
CREON.
Et ne sçaviez-vous pas que cet acte, en effet,
Estoit contrevenant à l'arrest que j'ay fait?
ANTIGONE.
Je n'en pouvois douter, puis qu'aucun ne l'ignore.
ARGIE.
Oüy, je le sçavois bien.
MENETE.
    Et moy mieux qu'elle encore.
CREON.
Vous faisiez donc vertu de transgresser mes loix?
ANTIGONE.
Oüy, pour servir les dieux, qui sont plus que des roys.
ARGIE.
Pour faire honneur au Ciel au mespris de la terre.
MENETE.
Et pour donner aux morts la paix aprés la guerre.
CREON.
Et tous pour meriter un rigoureux trespas.
ANTIGONE.
Qu'il vienne.
ARGIE.
  Il tarde trop.
MENETE.
    Je n'y recule pas.
CREON.
O folle pieté, qui d'une mesme audace
Fit la rebellion et reçoit la menace!
ANTIGONE.
Je mets le plus haut throsne au dessous des autels,
Et revere les dieux sans égard des mortels;

Ils sont maistres des roys, ils sont pieux, augustes;
Tous leurs arrests sont saincts, toutes leurs loix sont justes:
Ces esprits dépoüillez de toutes passions
Ne meslent rien d'impur en leurs intentions;
Au lieu que l'interest, la colere et la haine
President bien souvent à la justice humaine,
Et, n'observant amour, devoir ny pieté,
N'y laissent qu'injustice et qu'inhumanité.
Quoy! vous osez aux morts nier la sepulture?
Et cette loy nasquit avecques la nature;
Vostre regne commence, et destruit à la fois,
Par sa premiere loy, la premiere des loix.
Icy la faute est juste, et la loy criminelle;
Le prince peche icy bien plus que le rebelle.
J'offense justement un injuste pouvoir,
Et ne crains point la mort qui punit le devoir.
La plus cruelle mort me sera trop humaine;
Je me resous sans peine à la fin de ma peine;
Elle m'affranchira de vostre authorité,
Et ma punition sera ma liberté.

EPHYTE.

O masle cœur de fille! ô vertu non commune,
Qui pour rien ne se rend aux coups de la fortune!

CLEODAMAS.

O sexe dangereux! estrange dureté!
Du crime et du suplice elle fait vanité.

CREON.

On abaisse aisement le cœur d'une subjette
Sous le propre fardeau du joug qu'elle rejette:
L'orgueil s'assortit mal avec le mauvais sort,
Et tous deux insolens font un mauvais accord.
Quoy! la rebellion deviendra legitime,

Et pour mé mespriser on prisera le crime?
A son premier outrage elle en joint un second
En faisant vanité de m'avoir fait affront;
Plus son mespris me touche, et plus elle en est vaine;
Je semble son subjet, elle semble ma reine.
Peut-estre que le rang qu'elle tint autrefois,
Et les titres de sœur, niepce et fille de rois,
Font à ce cœur altier douter de la menace,
Et contre sa frayeur soustiennent son audace;
Mais, son extraction provint-elle des cieux,
Et se dit-elle sœur, niepce et fille des dieux,
La justice aujourd'huy satisfera ma haine,
Et qui l'a secondée aura part en sa peine.

Argie.

D'un frivole discours passez donc à l'effet.
Je le ferois encor si je ne l'avois fait.
Oüy, j'ay fait le devoir d'une ingratte province,
Qui refuse, sans honte, un cercueil à son prince:
Elle fut son païs, ses terres, ses Estats;
Il n'y veut qu'un sepulchre, et ne l'y treuve pas.
Je laisse indifferend en quel titre on m'ameine
Où j'avois droit d'entrer en qualité de reine;
Et je n'accuse pas l'injustice du sort,
Qui me devoit un sceptre, et m'appreste la mort.
Je me plains seulement de ce païs barbare
Qui de six pieds de terre à son prince est avare,
Et veut qu'en mesme jour le corps de mon espoux
Passe d'entre mes bras dans le ventre des loups.

Creon.

Ayant appris l'edit et la peine preveuë,
Vous avez enfraint l'un, et l'autre vous est deuë.

ACTE IV, SCENE III.

ANTIGONE.

Faites donc, vostre haine agit trop mollement,
La fureur s'allentit par le retardement ;
Peut-estre que le temps vous osteroit l'envie,
Ou l'asseurance au moins de nous oster la vie.
Le murmure du peuple iroit jusques à vous,
Et pourroit desarmer vostre injuste courroux :
Car enfin, si la peur ne luy fermoit la bouche,
Vous sçauriez à quel poinct ce procedé le touche ;
Mais d'abord un tyran fait tout ce qui luy plaist ;
On souffre avec respect, on void, mais on se taist.

CREON.

Et toy seule, entre tous, n'as pû voir sans te plaindre ?

ANTIGONE.

Tous tremblent, tous ont peur, moy, je n'ay rien à craindre.

CREON.

Au moins dois-tu rougir d'avoir osé plus qu'eux.

ANTIGONE.

Qui fait honneur aux morts ne fait rien de honteux.

CREON.

Un mort qui fut des siens le mortel adversaire !

ANTIGONE.

Il fut ce qui vous plaist, mais il estoit mon frere.

CREON.

Qui, les armes en main, a son frere assailly !

ARGIE.

Il est vray, mais son frere a le premier failly.

CREON.

Il tint nostre party, l'autre tint le contraire.

ARGIE.

La couronne à tous deux estoit hereditaire ;

L'un suivit sa fureur, mais l'autre l'embraza ;
Si l'un vous assaillit, l'autre vous exposa.
CREON.
Le regne du premier, comme il fut d'un bon prince,
Se gaigna la faveur de toute la province ;
Et nostre heur, qui sous l'autre eust pû diminuer,
Nous fit prendre interest à le continuer :
L'intention des siens plus que la sienne mesme
Avoit dessus son front laissé le diadesme ;
Et son ambition bien moins que sa bonté
Se pût dire l'appuy de son authorité.
ARGIE.
Mais pour le retenir vous chassiez Polynice.
CREON.
On fit faveur à l'un, mais à l'autre justice.
ANTIGONE.
Aprés tout, je l'aimois, et mon affection
Entreprendroit encor cette saincte action.
CREON.
Et bien, suy les conseils que cet amour t'inspire,
Aime-le chez les morts, mais non sous mon empire.

SCENE IV.

ISMENE, Etc.

EPHYTE.
O dieux ! en quel estat Ismene vient icy !
CREON.
Et toy, n'eus-tu point part en l'entreprise aussi ?

ACTE IV, SCENE IV.

ISMENE.

Oüy, plus que toutes deux; j'ay commencé l'ouvrage,
Et mon exemple, Sire, excita leur courage.

ANTIGONE.

Non, non, trop de frayeur s'empara de son sein;
Elle a le cœur trop bas pour un si haut dessein.

ISMENE.

Je vous l'ay conseillé, j'en pressay l'entreprise.

ANTIGONE.

Tout au contraire, Sire, elle m'en a reprise.

ISMENE.

Oüy, pour vous esprouver; mais je suivois vos pas.

ANTIGONE.

Elle estoit trop timide, elle ne sortit pas.

ISMENE.

Prisez-vous à tel poinct vostre triste fortune
Que vous ayez regret qu'elle me soit commune?

ANTIGONE.

J'ay seule aimé mon frere, il n'appelle que moy.

ISMENE.

J'eusse, à vostre deffaut, entrepris cet employ.

ANTIGONE.

Je servirois de cœur, et non pas de paroles:
L'un produit des effets, les autres sont frivoles.

ISMENE.

Ma sœur, au nom des dieux, ne me déniez pas
La gloire de vous suivre en un si beau trespas.

ANTIGONE.

Non, non, ne prenez part à rien qui m'appartienne;
L'ouvrage fut tout mien, la mort est toute mienne.

ISMENE.

Ne vous possedant plus, quel bien me sera doux?

Antigone.
Creon, vostre seigneur, aura grand soin de vous.
Ismene.
Ha! ce reproche est juste : il est vray, je fus lâche.
Antigone.
J'ay regret de le dire et honte qu'on le sçache.
Ismene.
Mais que vous a produit ce genereux effort?
Antigone.
Tout ce que j'esperois : il m'a produit la mort.
Ismene.
J'avois bien sceû prévoir le mal-heur qui vous presse.
Antigone.
Et bien, vivez heureuse avec vostre sagesse.
Creon.
L'orgueil à toutes deux a troublé la raison,
Et leur extravagance est sans comparaison.
Ismene.
Vous mesme à vostre fils vous l'avez destinée :
Voudriez-vous rompre, Sire, un si bel hymenée?
Creon.
Il peut pour un manqué recouvrer cent partis.
Ismene.
Non pas qui vaillent tant, ny si bien assortis.
Creon.
Cherchant cette alliance, il cherchoit bien sa perte;
Je la haïrois bien, si je l'avois soufferte.
Antigone.
Viens icy, cher Hemon, et par cet entretien
Apprens le jugement que l'on y fait du tien.
Ismene.
Voudriez-vous ruïner une amitié si forte?

Creon.
Forte ou non, s'il l'espouse, il l'espousera morte.
Ismene.
Si le Ciel n'est injuste, il vengera sa mort.
Creon.
Profite de sa perte et crains un mesme sort.
Ismene.
Non, non, ne croyez pas que vostre tyrannie
Ny m'empesche la voix, ny demeure impunie;
Les dieux ne sont pas dieux, si bien tost leur courroux
Ne prend nostre interest et n'esclate sur vous.
Creon.
Allez, ostez d'icy ces objets de ma haine,
Qu'en la tour du palais toutes deux on les meine :
Veillez-les avec soin, que tout vous soit suspect ;
Mais que l'on traicte Argie avec plus de respect,
Dedans une autre chambre avec garde fidelle,
Cependant qu'au conseil on ordonnera d'elle :
Car, ne relevant pas de mon authorité,
Le crime qu'elle a fait est d'autre qualité.

(*On les meine.*)

SCENE V.

CREON, EPHYTE, CLEODAMAS.

Ephyte.
Sire, à peser bien tout d'une égale balance,
Ce procedé n'est pas sans quelque violence;

L'honneur qu'on rend aux morts est une vieille loy,
Par naissance et par droict Polynice fut roy :
Antigone est sa sœur, elle est vostre parente;
Vous en privez Hemon. Ismene est innocente ;
L'autre est veuve du mort : que vostre jugement
Sur toutes ces raisons passe un peu murement.

Créon.

De toutes ces raisons, pour une desloyale,
Pas une ne destruit la puissance royale ;
Estre trop indulgent laisse aussi trop oser ;
Des autres, mon conseil m'en fera disposer.

SCENE VI.

HEMON, CREON.

Creon *continuë*.

Ne dissimulez point la douleur qui vous presse,
Elle est juste en l'amant qui perd une maistresse;
Mais, d'autre part, Hemon, elle est injuste aussi
En un fils qui, bien né, de son pere a soucy,
Et qui, sage, espousant son amour et sa haine,
Se fait de ses desirs une loy souveraine.

Hemon.

Ayant l'honneur que j'ay d'estre sorty de vous,
Vostre interest, Monsieur, sur tout autre m'est doux;
J'ay tous les sentimens que mon devoir m'ordonne.
Je tiens de vostre sang et de vostre couronne,
Et, sans me départir de leur authorité,
Ne puis rien espouser que vostre volonté.

CREON.

Aussi, par la raison de la seule naissance,
N'attendois-je pas moins de vostre obeïssance ;
Ce que prise un bon pere est prisé d'un bon fils,
Ils ont mesmes amis et mesmes ennemis ;
Mais le pere d'un fils à ses desseins contraire
S'est formé de soy-mesme un mortel adversaire ;
Il s'entretient la guerre et nourrit un poison
Doux à ses ennemis, funeste à sa maison.
Il ne faut pas, Hemon, que l'amour d'une femme
Jusqu'à ce point nous gaigne et nous aveugle l'ame
Qu'alors que le mal presse on n'en puisse guerir,
Et que nous nous perdions afin de l'acquerir.
L'interest de mon fils trop justement me touche
Pour souffrir qu'il reçoive un serpent en sa couche ;
Une mauvaise femme est un méchant amy,
Que veillant on doit craindre, et bien plus endormy ;
Et quiconque à sa foy jour et nuit se hazarde
Se met entre les mains d'une mauvaise garde.
Cette seule rebelle, entre tous mes subjets,
Censure mes edits, attaque mes projets
Et trace des chemins à toute la province
Pour le mépris des loix et la honte du prince :
Dans les desseins d'un roy, comme dans ceux des dieux,
De fidelles subjets doivent fermer les yeux,
Et, sousmettant leurs sens au pouvoir des couronnes,
Quelles que soient les loix, croire qu'elles sont bonnes.

HEMON.

Les dieux ne mettent pas en tous entendemens
Ny pareilles clartez, ny mémes sentimens ;
Je veux que cette offense attaque vostre gloire,
Mais qui l'oza commettre a pû ne le pas croire.

En effet, qui croiroit aller contre vos loix,
Suivant celles des dieux, qui sont maistres des roys?
Moy, Monsieur, qui sans feinte et vous prise et vous aime
Comme autheur de ma vie et source de moy-mesme,
Qui vous souhaitte un regne et glorieux et doux,
Et, pour dire en un mot, qui soit digne de vous,
Je cueille les advis par tout où je me treuve;
J'entends ce qu'on estime et ce qu'on desapreuve,
Pour profiter pour vous et vous en faire part,
A vous, à qui moy seul oze parler sans fard.
Jamais la verité, cette fille timide,
Pour entrer chez les roys ne treuve qui la guide;
Au lieu que le mensonge a mille partisans,
Et vous est presenté par tous vos courtisans.
Seul, je vous diray donc que le commun murmure
Accuse vostre arrest d'offenser la nature;
Qu'aussi l'on n'attend pas de vostre passion
L'injuste chastiment d'une bonne action.
Antigone, dit-on, prit une honneste audace,
Que le roy punira de la seule menace
Ce qu'elle a fait est juste, et dans tous les esprits,
Hors celuy de Creon, son crime aura des prix;
C'est à peu prés, Monsieur, ce que je viens d'entendre,
Et ce que mon devoir m'oblige à vous apprendre;
Déferez quelque chose au sentiment commun.
Le plus sçavant se trompe, et deux yeux font plus qu'un;
Un changement d'avis, quand la raison en presse,
N'est pas une action contraire à la sagesse;
Ne voir que par son sens est le propre des dieux,
Comme il l'est des mortels de voir par beaucoup d'yeux.

EPHYTE.

La mesme verité vous parle par sa bouche;

ACTE IV, SCENE VI.

Sire, de cette part, souffrez qu'elle vous touche,
D'autant plus qu'elle tend à vostre commun bien,
Et que vostre interest s'y treuve avec le sien.

CREON.

O conseil! ô priere et ridicule et folle!
Que j'apprenne si vieil d'une si jeune escolle.

HEMON.

Ne regardez pas l'âge, et pesez la raison.

CREON.

La raison n'est pas meure en si verte saison :
Appelles-tu raison de faire honneur au crime?

HEMON.

Non, s'il passe pour tel ailleurs qu'en vostre estime.

CREON.

Qui m'a desobey merite le trespas.

HEMON.

Le peuple toutefois ne le confesse pas.

CREON.

Lui-mesme est criminel s'il censure son prince.

HEMON.

Faites donc le procés à toute la province.

CREON.

Elle et ses habitans sont esclaves des roys.

HEMON.

Oüy, si les roys aussi sont esclaves des loix.

CREON.

La folle passion qui possede ton ame
Te fait insolemment parler pour une femme
Et de son interest te rend ainsi jaloux.

HEMON.

Vous seriez femme donc, car je parle pour vous.

CREON.
Tu contestes, mutin, contre ton propre pere?
HEMON.
J'ay crû vous conseiller, et non pas vous déplaire.
CREON.
Ne m'est-il pas permis de conserver mon droict?
HEMON.
Non, s'il prive les dieux de l'honneur qu'on leur doit.
CREON.
Vil esclave de femme, esprit lâche et debile!
HEMON.
Je n'ay fait action ny lâche ny servile.
CREON.
Parler pour une fille est ton plus digne employ.
HEMON.
Je parle pour les dieux, et pour vous, et pour moy.
CREON.
N'espere pas, enfin, l'épouser jamais vive.
HEMON.
Elle ne mourra pas qu'un autre ne la suive.
CREON.
M'ozes-tu menacer?
HEMON.
Je n'avancerois rien
Envers qui ny ne veut ny ne peut faire bien.
CREON.
Ce fol à m'outrager encore persevere.
HEMON.
Je vous dirois bien pis, si vous n'estiez mon pere.
CREON.
Va, cœur effeminé, va, lâche, sorts d'icy!

Hemon.
Vous voulez donc parler sans que l'on parle aussi ?
Creon.[1]
Oüy, traistre, je le veux, et bien tost le salaire
De ta presomption va t'aprendre à te taire
Et ne cherir pas tant ce qui m'est odieux.
Soldats, amenez-la, qu'on l'égorge à ses yeux.
Hemon.
Ce ne sera jamais au moins en ma presence
Que l'on accomplira cette injuste sentence.
Faites à vos flateurs authoriser vos loix,
Et voyez vostre fils pour la derniere fois.
Ephyte, *le voulant retenir.*
Seigneur...
Creon.
Laissez ; qu'il aille : il sçaura, je le jure,
Combien sensiblement me touche cette injure,
Combien il est fatal d'irriter mon pouvoir,
Et pour un fol amour oublier son devoir.

ACTE V

SCENE PREMIERE.

HEMON SEUL.

Qu'on l'égorge à mes yeux! ô vertu sans défence!
Justice sans soustien, supplice sans offence!
O presage fatal pour un regne naissant,
De s'arroser de sang, et de sang innocent!
O belles fleurs sans fruict, accords sans hymenée!
J'avois bien, malgré vous, senty ma destinée;
Et toy, mon cœur, et toy, qui m'en as adverty,
Je te crûs justement, tu ne m'as point menty.
Qu'on l'égorge à mes yeux! ô barbare sentence
Contre la vertu méme, et la méme innocence!
Souffrirez-vous, mes yeux, ce spectacle exposé?
Je vous arracherois, si vous l'aviez ozé.
Regne pernicieux! joug certes detestable,
Qui, dés le premier jour, presse tant qu'il accable!
Qu'attendra-t'on d'un roy de qui l'authorité
Se declare d'abord contre la pieté,

Rompt les loix d'hymenée et celles de nature,
Oste aux vivans l'espoir, aux morts la sepulture?
Antigone est pieuse et revere les dieux,
Et c'est pourquoy l'on veut qu'on l'égorge à mes yeux.
Mais peut-estre qu'Ephyte aura par sa priere
Obtenu quelqu'effet meilleur que je n'espere ;
Possible crains-je un mal qui n'arrivera pas :
Le voila qui, pensif, adresse icy ses pas.
Hé bien! qu'as-tu gaigné sur cette ame cruelle?
Je lis en ta tristesse une triste nouvelle.

SCENE II.

EPHYTE, HEMON.

EPHYTE.

D'autres, pour vous flater d'un inutile espoir,
Vous diroient que le temps le pourroit émouvoir ;
Mais moy qui suis sensible à tout ce qui vous touche,
Qui, mauvais courtisan, ay le cœur sur la bouche,
Je ne vous puis farder ce funeste rapport :
C'est fait de la princesse, il a signé sa mort.

HEMON.

C'est fait de la princesse! Ha! force, ma colere,
Force icy tout respect et de fils et de pere.
Venez, rages, transports si longtemps repoussez,
Ce bourreau de son sang vous authorise assez ;
Venez, et de sa teste arrachez la couronne ;
Chassons d'autour de luy l'éclat qui l'environne,

Faisons tomber son throsne et perir son Estat,
Si lâche partisan d'un si lâche attentat.
Pardonnés mes transports, respect, devoir, naissance :
Je sçay que je m'emporte et que je vous offense ;
Mais vous voyez qu'on meurt pour trop suivre vos loix,
Qu'on en acquiert la gloire et la mort à la fois ;
L'honneur qu'on porte aux siens devient illegitime,
Et trop de naturel passe aujourd'huy pour crime.

Ephyte.

J'attendois bien de vous ce premier mouvement.
Je ne puis condamner vostre ressentiment ;
Mais, Seigneur, la princesse, encor pleine de vie,
N'a pas de ce cruel la fureur assouvie.

Hemon.

Quel est donc son arrest?

Ephyte.

Il commet à la faim,
Invisible bourreau, cet office inhumain,
Et dessous Cyteron l'a fait enfermer vive,
Attendant qu'une mort de tant de morts la prive.

Hemon.

Mais rien n'esbranle-t'il sa resolution?
N'as-tu rien oublié de ta commission?
L'as-tu fait souvenir que c'est de sa main mesme
Que je tiens cet objet de mon amour extréme ;
Que ce qu'il a fait naistre, il deust l'entretenir ;
Qu'il a luy-mesme joint ce qu'il veut desunir?
Sçait-il que je m'avoüe un peu trop temeraire,
Et que je me veux mal d'avoir pû luy déplaire ;
Que je n'ignore pas l'honneur que je luy dois,
Mais que le desespoir luy parloit par ma voix ;
Qu'il doit considerer le feu qui me devore,

Et qu'il me veut ravir un objet que j'adore ?
Enfin, l'as-tu prié que, si ny mon devoir
Ny mes sousmissions ne peuvent l'émouvoir,
Il m'accorde du moins cette derniere grace,
Que je meure pour elle et seul luy satisfasse ?
EPHYTE.
J'ay peint vostre respect, vostre amour, vostre ennuy;
Mais le plus dur rocher est moins rocher que luy,
Et je l'ay moins touché par ce que j'ay pû dire
Qu'un chesne n'est émeu du souffle d'un zephyre.
HEMON.
N'importe, sonde encor ce courage inhumain,
Deust ce dernier effort encor nous estre vain ;
Pardonne au soin ingrat que mon amour te donne,
Et tante jusqu'au bout pour sauver Antigone.
Va, tâche de sauver un mal-heureux amant.
EPHYTE.
Je vais vous obeïr, mais inutilement.

SCENE III.

HEMON SEUL.

Par cette invention deffait de sa presence
Autant que je le suis de la vaine esperance
De pouvoir profiter de cet abaissement,
Secourons l'innocence, et genereusement.
Ha! pourquoy n'est quelqu'autre autheur de cet outrage,
Contre qui mon amour pût monstrer mon courage ?

En quelle occasion ne l'irois-je esprouver?
Et que ne tanterois-je afin de la sauver?
Mais, ô loy du devoir! importune contrainte
Le nom de l'ennemy deffend mesme la plainte :
On m'arrache la vie, et tel est mon destin,
Qu'il faut encor baiser le bras de l'assassin ;
Il faut souffrir sans rendre, il faut voir et se taire,
Et, pour toute raison, qui m'attaque est mon pere.
Ne punissons donc point, mais repoussons les coups,
Et, ne l'attaquant pas, au moins deffendons nous :
Que son bras, s'il se peut, nous immole à sa haine,
Mais, s'il se peut aussi, faisons qu'elle soit vaine ;
Forçons l'antre funeste où l'on tient enfermé
Ce miracle d'amour, ce chef-d'œuvre animé :
Pour un si beau dessein il n'est porte trop close.
Allons, et, si quelqu'un à nos efforts s'oppose,
Egalement épris de colere et d'amour,
Ou faisons qu'il y laisse, ou laissons-y le jour.

SCENE IV.

CREON, EPHYTE.

CREON.

Non, Ephyte, il importe au soustien de ma gloire
Que de ce chastiment je laisse la memoire :
Mon regne naist encore, et cette impunité
Porteroit consequence à mon authorité ;
Quels mutins sous mes loix se laisseront reduire,

Si les miens les premiers taschent de les destruire,
Et si qui contrevient à ce que je deffends
Treuve des partisans en mes propres enfans?

EPHYTE.

Sire, il est amoureux.

CREON.

Moy, je seray severe.

EPHYTE.

Il servoit sa maistresse.

CREON.

Il offençoit son pere.

EPHYTE.

Il crût vous conseiller.

CREON.

Il prit trop de soucy.

EPHYTE.

Mais il la tient de vous.

CREON.

Il en tient l'estre aussi.

EPHYTE.

Il s'avouë un peu prompt.

CREON.

Qu'il souffre donc sa peine.

EPHYTE.

Mais, Sire, son amour?

CREON.

Mais, Ephyte, ma haine?

EPHYTE.

Faites quelqu'indulgence à de jeunes esprits.

CREON.

Je pardonneray tout, excepté le mespris.

Cleodamas.

Voici le vieux devin de qui tant de miracles
En ce fatal empire ont suivy ses oracles.

Ephyte.

C'est Tyresie! ô Ciel, sois lassé de nos pleurs,
Et nous apprens par luy la fin de nos mal-heurs.

SCENE V.

TYRESIE aveugle, LE GUIDE, CREON, EPHYTE, CLEODAMAS.

Tyresie.

La lumiere d'un seul sert à deux que nous sommes;
C'est aux hommes aussi de conduire les hommes.

Creon.

Que nous apprendrez-vous, bon vieillard, qui sans yeux
Lisez si clairement dans le secret des dieux?

Tyresie.

Un advis qui regarde et vous et vostre empire.
Mais pesez meurement ce que je viens de dire.

Creon.

J'ay tousjours obey, vous tousjours ordonné.

Tyresie.

C'est l'unique secret qui vous a couronné.

Creon.

Aussi vous consultay-je en tout ce qui me touche,
Asseuré que les dieux parlent par vostre bouche.

Tyresie.
Sur tout, pour vostre bien, croyés-moy desormais,
Car le besoin en presse, ou n'en pressa jamais.
Creon.
O dieux! quelle frayeur m'excite ce langage!
Tyresie.
Bien moindre que ne doit ce funeste presage.
Escoutez : ce matin, sur ces proches costeaux,
Nous observions le chant et le vol des oyseaux,
Lors que l'horrible cry d'une troupe d'orfrayes,
D'infaillibles mal-heurs messageres trop vrayes,
A remply d'un grand bruit tous les lieux d'alentour
Et n'a point respecté la naissance du jour.
Un nombre de corbeaux aussi funeste qu'elles,
Leur livrant un combat de becs, d'ongles et d'aisles,
A quelque temps aprés redoublé mon émoy,
Et quelques plumes mesme en ont tombé sur moy :
Je cours au temple à lors, où la lampe allumée
Jette, au lieu de lumiere, une noire fumée
Dont l'espaisseur corrompt la pureté de l'air,
Et, presque m'estouffant, m'empéche de parler ;
L'encens n'y peut brusler quelqu'effort que j'essaye,
La victime à l'autel n'y rend rien par sa playe,
Que quelque goutte ou deux d'une jaune liqueur
Dont la corruption m'a fait faillir le cœur :
Mon guide, qu'à ce soin, à mon deffaut, j'employe,
S'écrie, espouvanté, qu'il n'y voit point de foye ;
Enfin, tout n'est qu'horreur et que confusion,
Et tout, Creon, et tout, à vostre occasion ;
De vous, qui renversez les loix de la nature,
Qui, barbare, aux deffuncts niez la sepulture ;
De vous, qui, vray cerbere, ostant ce droict aux corps,

Empéchez le passage en l'empire des morts;
Qui, cruel, attaquez qui ne se peut deffendre,
Et commandez un mal que vous devriez reprendre.
Satisfaites les dieux par vostre amandement,
Et sçachez-moy bon gré de cet enseignement.
CREON.
Sur tout autre tousjours vostre art me persecute,
Vous m'entreprenez seul, seul je vous suis en butte;
Il faut bien que cet art, sainct et sacré qu'il est,
Parmy sa pureté mesle quelque interest :
Car le Ciel laisse agir l'ordre de la nature,
Et n'a pas tousjours l'œil sur une creature;
L'or est un charme estrange, un mestail precieux,
Qui corrompt toute chose, et tanteroit les dieux;
Mais il le faut gaigner par moyens legitimes,
Non pas en conseillant l'impunité des crimes,
Non pas en abusant du respect des autels
Et faisant faussement parler les immortels.
TYRESIE.
Qui m'a repris que vous d'en user de la sorte ?
CREON.
Que l'on vous en reprenne ou se taise, qu'importe?
TYRESIE.
Usez-en comme moy, le Ciel sçait qui vit mieux.
CREON.
Je n'outrageray point un ministre des dieux.
TYRESIE.
Vous m'outragez assez, m'accusant d'avarice.
CREON.
Peu de gens de vostre art sont exempts de ce vice.
TYRESIE.
Et les tyrans encor bien moins qu'eux et que moy.

####### CLEODAMAS.

Aveugle, sçavez-vous que vous parlez au roy?

####### TYRESIE.

Puis que je l'ay fait tel, j'ay droit de le cognoistre.
Plus aveugle est que moy tel qui ne croit pas l'estre.

####### CREON.

C'est bien vous emporter pour un esprit si sain.

####### TYRESIE.

Enfin, je diray plus que je n'avois dessein.

####### CREON.

Parlez, car il importe au gain de vostre vie.

####### TYRESIE.

Bien plus vostre interest que le mien m'y convie,
Et vous l'allez apprendre, avant que le soleil
Laisse en nostre horison la nuict et le sommeil;
Vous verrez des effets du mal-heureux augure
Qui m'a si clairement marqué vostre advanture:
Le frere mort, privé des honneurs du cercueil,
La sœur vive enterrée et tout le peuple en dueil
Appellent, d'une voix qui ne sera pas vaine,
La justice du Ciel sur l'injustice humaine:
La mort de vostre fils, ce prince aimé de tous,
Sera le premier fleau qui tombera sur vous;
D'effroyables remors, mégeres éternelles,
Invisibles bourreaux des ames criminelles,
Vous persecuteront jusqu'aux derniers abois;
Et, s'il faut mettre hors tout ce que je prévois,
Un bras victorieux, que vostre crime attire,
Vous va bien tost ravir et la vie et l'empire.
Mais qu'en vous ce discours n'excite aucun soucy,
Et croyez que le gain me fait parler ainsi.

Marche, enfant, je luy laisse en ce triste presage
Assez d'instruction pour en devenir sage.
(*Creon demeure interdit.*)

SCENE VI.

CREON, EPHYTE, CLEODAMAS.

Ephyte.
Sire, il peut s'abuser; mais depuis qu'en ces lieux
Sa voix rend aux mortels les responses des dieux,
Et qu'il envoye au Ciel les encens de nos temples,
Les fautes de son art n'ont point encor d'exemples.
Creon.
Je tremble, je frémis, je demeure interdit,
Et cet effet s'accorde avec ce qu'il a dit.
Opposons la prudence au coup de cet orage;
Mais d'ailleurs la prudence offense le courage :
Me rendre lâchement au sentiment d'autruy
Est trop honteux pour moy, trop glorieux pour luy.
Cleodamas.
C'est à vous d'en resoudre avec vostre sagesse.
Creon.
Je suivray vos advis, mais tost ; le besoin presse.
Ephyte.
Traitez le sang d'Œdipe avec plus de douceur,
Mettez le frere en terre, et tirez-en la sœur.
Cleodamas.
Sire, à trop consulter l'occasion se passe,

Le Ciel touche par fois aussitost qu'il menasse.

CREON.

Que j'ay de repugnance à cette lâcheté !
Mais il faut obeyr à la necessité :
Rendez donc ce devoir au corps de Polynice,
Qu'avec ses sœurs sa veuve assiste à cet office,
Que l'on delivre Argie, et que sa liberté
Soit le premier effet de cette impunité.

SCENE VII.

UN GARDE, Etc.

LE GARDE.

Sire, Sire, accourez.

CREON.

        Quelle nouvelle ? Approche.

LE GARDE.

Hemon s'est fait passage en la funeste roche
Où devoit Antigone expier son forfait ;
Elle en est quitte, Sire, et c'en est desja fait ;
Le prince sur son corps deteste vostre empire,
Et je crains, et je crains quelque chose de pire ;
J'en voulois approcher, mais s'eslançant sur moy...

CREON.

O trop certain augure ! ô miserable roy !

De quel triste succez est ma rage suivie !
Courons, sauvons mon fils, ou c'est fait de ma vie.

SCENE VIII.

HEMON, ANTIGONE, ISMENE.

HEMON, *prés du corps d'Antigone, dans le tombeau de la roche.*

Beau corps, sacré debris du chef-d'œuvre des cieux,
Beau reste d'Antigone, ouvrez encor les yeux ;
Jeune soleil d'amour esteint en ton aurore,
Bel astre, honore-moy d'un seul regard encore
Avant que je te suive en la nuict du tombeau.
Tu crains, tu crains de voir le fils de ton bourreau ;
Le cœur plus que l'oreille est sourd à ma priere.
Ton amour s'est esteint avecques ta lumiere ;
C'est en vain qu'aux enfers je vay suivre tes pas,
Tes manes offensez ne m'y souffriront pas.
Autant que tu m'aymois, tu me seras contraire,
Tu puniras le fils des cruautez du pere ;
Je n'avance à mourir, non plus qu'à differer,
Et, ny vivant ny mort, je n'ay plus qu'esperer.
Mais, Madame, arrestez ces inutiles larmes
Et contez-moy sa mort. Où prist-elle des armes ?
ISMENE.
Le soir qu'elle partit pour ce pieux dessein,
Elle tenoit caché ce poignard dans son sein,
Pour demeurer, par luy, maistresse de sa vie,

S'il devoit arriver qu'elle en fust poursuivie.
A ce coup vainement j'ay voulu resister,
Je ne l'ay diverty, ny n'ay pû l'éviter :
Le sang qu'elle a versé l'embellit et me tache,
Il l'a peint genereuse et me tesmoigne lâche ;
Vous l'offensez, au reste, et soupçonnez à tort
Que son affection soit morte par sa mort ;
Elle sçait à quel poinct sa fortune vous touche,
Avec le nom d'Hemon elle a fermé la bouche :
C'est un nom qu'elle emporte au delà du trespas,
Et que dans l'oubly mesme elle n'oubliera pas.

HEMON.

Allons donc, mon amour, où la sienne m'invite,
Payons-luy cet honneur qui passe mon merite.
Ah ! s'il plaisoit aux dieux que, pour mourir cent fois,
Je pûsse à ce beau corps rendre l'ame et la voix,
Que d'un si bel effet je benirois les causes !
J'entrerois dans les feux comme en un lit de roses ;
Le plus amer poison et le plus furieux
Passeroit, à mon goust, pour breuvage des dieux ;
Je me délasserois parmy les precipices,
Et dans le seul repos trouverois des supplices.
Mais, depuis qu'une vie est tombée en tes mains,
O mort, pour la ravir tous nos efforts sont vains :
Ce butin t'est trop cher, et j'ay tort si j'espere
Que tu rendes au fils ce que tu tiens du pere.
Sourde, tiens donc encor de ce dénaturé
Le butin qu'il t'envoye et qu'il t'a procuré ;
Mais espargne ta faux, puis qu' ô prodige extréme !
La nature aujourd'huy se destruit d'elle-méme :
Les plus proches parens sont les plus ennemis,
Le frere hait le frere, et le pere le fils,

L'oncle au sang de sa niepce avec plaisir se noye,
Et tous font ton office et te chargent de proye.

(*Il veut tirer son espée, Ismene le retient.*)

ISMENE.

Hé! que feray-je, Hemon? ne m'abandonnez pas.

SCENE IX.

CREON, EPHYTE, CLEODAMAS, HEMON, ISMENE, ANTIGONE.

CREON.

Mon fils, quel desespoir trouble vostre pensée,
Et de quel vain regret est mon ame pressée?
A quel poinct vous emporte une funeste amour?
Faites grace à celuy dont vous tenez le jour.

HEMON, *tirant son espée.*

Retirez-vous, barbare, évitant ma colere,
Je n'ay plus de respect, ny cognois plus mon pere;
L'estat où m'a reduit vostre inhumanité
Me peut faire passer à toute extremité :
Voyez, lyon regnant, affamé de carnages,
Inhumain cœur humain, voilà de vos ouvrages;
Saoulez ce naturel aux meurtres acharné,
Tenez, voilà le sang que vous m'avez donné;
Ce corps qui fut à vous reste en vostre puissance,
Et vous va, par sa mort, payer de sa naissance.

CREON.
Barbare, acheve donc, acheve ton dessein,
Le coup est imparfait s'il ne passe en mon sein,
Et tu ne meurs pas tout si le jour me demeure.
HEMON.
Bien-tost, bien-tost le Ciel vous marquera vostre heure ;
Cruel, ne doutez pas que son bras tout-puissant
Ne s'arme tost ou tard pour le sang innocent :
Le temps vous apprendra que jamais tyrannie
Sur le throsne thebain ne demeure impunie ;
Croyez que Cadme, Laye, Œdipe et ses enfans
Ne vous ont, en leur sort, precedé que du temps.
Quand des dieux Tyresie annonçoit la pensée,
Elle parloit à vous, non pas à Menecée ;
La race de Python ne cessera qu'en vous,
C'est sur vous que du Ciel doit tomber le courroux ;
Mais puissent estre vains les maux qu'il vous prepare,
Qu'il vous soit aussi doux que vous m'estes barbare :
A ma fureur encor quelque respect est joint,
Et je seray content qu'il ne me venge point.
Toy, qui me fus ravie aussi-tost que donnée,
Vertueuse beauté, princesse infortunée !
Allons, unis d'esprit, sans commerce de corps,
Achever nostre hymen en l'empire des morts.
(Il meurt sur Antigone.)

CREON, *tombant évanoüy.*
O mort ! joints mon trespas aux effets de ma rage !
Sorts, mon ame, et mets fin à ce tragique ouvrage !
EPHYTE.
Il tombe évanoüy, sans force et sans chaleur :
Tu devois, vain regret, preceder ce mal-heur.

CLEODAMAS.

O Ciel! qu'aux chastimens ta justice est severe,
Et qu'il est dangereux d'exciter ta colere !

ISMENE.

Lâche, ne puis-je donc faire un dernier effort?
Mourray-je mille fois pour la peur d'une mort?

LE VERITABLE
SAINT GENEST
TRAGEDIE

ACTEURS.

DIOCLETIAN, empereur.
MAXIMIN, empereur.
VALERIE, fille de Diocletian.
CAMILLE, suivante.
PLANCIEN, prefect.
GENEST, comedien.
MARCELE, comedien.
OCTAVE, comedien.
SERGESTE, comedien.
LENTULE, comedien.
ALBIN, comedien.
DECORATEUR.
GEOLIER.

ADRIAN, representé par Genest.
NATALIE, par Marcele.
FLAVIE, par Sergeste.
MAXIMIN, par Octave.
ANTHISME, par Lentule.
GARDE, par Albin.
GEOLIER.
Suitte de Soldats et Gardes.

LE VERITABLE
SAINT GENEST

ACTE PREMIER

SCENE PREMIERE.

VALERIE, CAMILLE.

CAMILLE.

Quoy ! vous ne sçauriez vaincre une frayeur si vaine ?
Un songe, une vapeur, vous causent de la peine,
A vous sur qui le Ciel, déployant ses thresors,
Mit un si digne esprit dans un si digne corps !

VALERIE.

Le premier des Cesars apprit bien que les songes
Ne sont pas toûjours faux et toûjours des mensonges ;
Et la force d'esprit dont il fut tant vanté,
Pour l'avoir conseillé, luy coûta la clarté.

Le Ciel, comme il luy plaist, nous parle sans obstacle :
S'il veut, la voix d'un songe est celle d'un oracle ;
Et les songes sur tout, tant de fois repetez,
Ou toûjours ou souvent disent des veritez.
Déja cinq ou six nuits à ma triste pensée
Ont de ce vil hymen la vision tracée,
M'ont fait voir un berger avoir assez d'orgueil
Pour pretendre à mon lict, qui seroit mon cercueil ;
Et l'empereur mon pere, avec violence,
De ce presomptueux appuyer l'insolence :
Je puis, s'il m'est permis et si la verité
Dispense les enfans à quelque liberté,
De sa mauvaise humeur craindre un mauvais office.
Je connois son amour, mais je crains son caprice,
Et voy qu'en tout rencontre il suit aveuglement
La boüillante chaleur d'un premier mouvement :
Sceut-il considerer, pour son propre hymenée,
Sous quel joug il baissoit sa teste couronnée,
Quand empereur il fit sa couche et son Estat
Le prix de quelques pains qu'il emprunta soldat,
Et, par une foiblesse à nulle autre seconde,
S'associa ma mere à l'empire du monde ?
Depuis, Rome souffrit et ne reprouva pas
Qu'il commît un Alcide au fardeau d'un Atlas,
Qu'on vît sur l'univers deux testes souveraines,
Et que Maximian en partageât les resnes.
Mais pourquoy, pour un seul, tant de maistres divers ?
Et pourquoy quatre chefs au corps de l'univers ?
Le choix de Maximin et celuy de Constance
Estoient-ils à l'Estat de si grande importance
Qu'il en dût recevoir beaucoup de fermeté
Et ne pût subsister sans leur auctorité ?

Tous deux diferemment alterent sa memoire,
L'un par sa nonchalance, et l'autre par sa gloire;
Maximin, achevant tant de gestes guerriers,
Semble au front de mon pere en voler les lauriers;
Et Constance, souffrant qu'un ennemy l'affronte,
Dessus son mesme front en imprime la honte.
Ainsi, ny dans son bon ny dans son mauvais choix
D'un conseil raisonnable il n'a suivy les loix,
Et, déterminant tout au gré de son caprice,
N'en prevoit le succez ny craint le prejudice.

CAMILLE.

Vous prenez trop l'allarme, et ce raisonnement
N'est point à vostre crainte un juste fondement :
Quand Diocletian éleva vostre mere
Au degré le plus haut que l'univers revere,
Son rang, qu'il partageoit, n'en devint point plus bas,
Et, l'y faisant monter, il n'en décendit pas ;
Il pût concilier son honneur et sa flâme,
Et, choisy par les siens, se choisir une femme ;
Quelques associez qui regnent avec luy,
Il est de ses Estats le plus solide appuy;
S'ils sont les matelots de cette grande flotte,
Il en tient le timon, il en est le pilote,
Et ne les associe à des emplois si hauts
Que pour voir des Cesars au rang de ses vassaux :
Voyez comme un fantôme, un songe, une chimere,
Vous fait mal expliquer les mouvemens d'un pere,
Et qu'un trouble importun vous naist mal à propos
D'où doit si justement naistre vostre repos.

VALERIE.

Je ne m'obstine point d'un effort volontaire
Contre tes sentimens en faveur de mon pere,

Et contre un pere, enfin, l'enfant a toûjours tort;
Mais me répondras-tu des caprices du sort?
Ce monarque insolent, à qui toute la terre
Et tous ses souverains sont des jonets de verre,
Prescrit-il son pouvoir, et, quand il en est las,
Comme il les a formez, ne les brise-t'il pas?
Peut-il pas, s'il me veut dans un estat vulgaire,
Mettre la fille au poinct dont il tira la mere,
Détruire ses faveurs par sa legereté,
Et de mon songe, enfin, faire une verité?
Il est vray que la mort contre son inconstance
Aux grands cœurs, au besoin, offre son assistance
Et peut toûjours braver son pouvoir insolent;
Mais, si c'est un remede, il est bien violent.

CAMILLE.

La mort a trop d'horreur pour esperer en elle,
Mais esperez au Ciel, qui vous a fait si belle,
Et qui semble influer, avecque la beauté,
Des marques de puissance et de prosperité.

SCENE II.

UN PAGE, VALERIE, CAMILLE.

LE PAGE.

Madame...

VALERIE.

Que veux-tu?

ACTE I, SCENE II.

LE PAGE.

   L'empereur, qui m'envoye,
Sur mes pas avec vous vient partager sa joye.

VALERIE.

Quelle?

LE PAGE.

  L'ignorez-vous? Maximin, de retour
Des païs reculez où se leve le jour,
De leurs rebellions, par son bras étoufées,
Aux pieds de l'empereur apporte les trofées,
Et de là se dispose à l'honneur de vous voir.

(Il s'en va.)

CAMILLE.

Sa valeur vous oblige à le bien recevoir.
Ne luy retenez pas le fruit de sa victoire;
Le plus grand des larcins est celuy de la gloire.

VALERIE.

Mon esprit, agité d'un secret mouvement,
De cette émotion cherit le sentiment;
Et cet heur inconnu, qui flate ma pensée,
Dissipe ma frayeur et l'a presque effacée;
Laissons nostre conduitte à la bonté des dieux.
O Ciel! qu'un doux travail m'entre au cœur par les yeux!

(Voyant Maximin.)

SCENE III.

DIOCLETIAN, MAXIMIN, Gardes, Soldats, VALERIE, CAMILLE, PLANCIEN.

Il se fait un bruit de tambours et de trompettes.

(*Maximin baise les mains de Valerie.*)

Diocletian.
Desployés, Valerie, et vos traits et vos charmes ;
Au vainqueur d'Orient faites tomber les armes :
Par luy l'empire est calme et n'a plus d'ennemis ;
Soûmettez ce grand cœur qui nous a tout soûmis ;
Chargez de fers un bras fatal à tant de testes,
Et faites sa prison le prix de ses conquestes.
Déja, par ses exploits, il avoit merité
La part que je luy fis de mon authorité ;
Et sa haute vertu, reparant sa naissance,
Luy fit sur mes subjets partager ma puissance.
Aujourd'huy que pour prix des pertes de son sang
Je ne puis l'honorer d'un plus illustre rang,
Je luy dois mon sang mesme, et, luy donnant ma fille,
Luy faits part de mes droicts sur ma propre famille.
Ce present, Maximin, est encore au dessous
Du service important que j'ay receu de vous ;
Mais, pour faire vos prix égaux à vos merites,
La terre treuveroit ses bornes trop petites,

Et vous avez rendu mon pouvoir impuissant,
Et rétraint envers vous ma force en l'accroissant.

MAXIMIN.

La part que vos bontez m'ont fait prendre en l'empire
N'égale point, Seigneur, ces beaux fers où j'aspire ;
Tous les arcs triomphans que Rome m'a dressez
Cedent à la prison que vous me bâtissez,
Et, de victorieux des bords que l'Inde lave,
J'accepte, plus content, la qualité d'esclave,
Que, dépoüillant ce corps, vous ne prendrez aux cieux
Le rang par vos vertus acquis entre les dieux ;
Mais ozer concevoir cette insolente audace
Est plustost meriter son mépris que sa grace,
Et, quoy qu'ait fait ce bras, il ne m'a point acquis
Ny ces titres fameux, ny ce renom exquis
Qui des extractions effacent la memoire
Quant à sa vertu seule il faut devoir sa gloire ;
Quelque insigne advantage et quelque illustre rang
Dont vous ayez couvert le defaut de mon sang,
Quoy que l'on dissimule, on pourra toûjours dire
Qu'un berger est assis au trône de l'empire ;
Qu'autresfois mes palais ont esté des hameaux,
Que qui gouverne Rome a conduit des troupeaux ;
Que pour prendre le fer j'ay quitté la houlette,
Et qu'enfin vostre ouvrage est une œuvre imparfaite.
Puis-je, avec ce defaut non encor reparé,
M'approcher d'un objet digne d'estre adoré,
Esperer de ses vœux les glorieuses marques,
Pretendre d'étouffer l'espoir de cent monarques,
Passer ma propre attente, et me faire des dieux,
Sinon des ennemis, au moins des envieux ?

DIOCLETIAN.

Suffit que c'est mon choix et que j'ay connoissance
Et de vostre personne et de vostre naissance,
Et que, si l'une enfin n'admet un rang si haut,
L'autre par sa vertu repare son defaut,
Supplée à la nature, éleve sa bassesse,
Se reproduit soy-mesme et forme sa noblesse.
A combien de bergers les Grecs et les Romains
Ont-ils pour leur vertu veu des sceptres aux mains!
L'histoire, des grands cœurs la plus chere esperance,
Que le temps traicte seule avecque reverence,
Qui, ne redoutant rien, ne peut rien respecter,
Qui se produit sans fard et parle sans flater,
N'a-t'elle pas cent fois publié la loüange
De gens que leur merite a tirez de la fange
Qui par leur industrie ont leurs noms éclaircis,
Et sont montez au rang où nous sommes assis?
Cyre, Semiramis, sa fameuse adversaire,
Noms qu'encor aujourd'huy la memoire revere,
Lycaste, Parrasie et mille autres divers
Qui dans les premiers temps ont regy l'univers;
Et recemment encor, dans Rome, Vitellie,
Gordian, Pertinax, Macrin, Probe, Aurelie,
N'y sont-ils pas montez, et fait de mesmes mains
Des reigles aux troupeaux et des loix aux humains?
Et moy-mesme, enfin moy, qui, de naissance obscure,
Dois mon sceptre à moy-mesme, et rien à la nature,
N'ay je pas lieu de croire, en cet illustre rang,
Le merite dans l'homme et non pas dans le sang;
D'avoir à qui l'accroist fait part de ma puissance,
Et choisi la personne, et non pas la naissance?

(*A Valerie.*)

Vous, cher fruict de mon lict, beau prix de ses exploits,
Si ce front n'est menteur, vous approuvez mon choix,
Et tout ce que l'amour, pour marque d'allegresse,
Sur le front d'une fille amante, mais princesse,
Y fait voir sagement que mon election
Se treuve un digne objet de vostre passion.

VALERIE.

Ce choix estant si rare et venant de mon pere,
Mon goust seroit mauvais s'il s'y treuvoit contraire ;
Oüy, Seigneur, je l'approuve et benis le Destin
D'un heureux accident que j'ay craint ce matin.

(*Se tournant vers Camille.*)

Mon songe est expliqué : j'épouse en ce grand homme
Un berger, il est vray, mais qui commande à Rome ;
Le songe m'effrayoit, et j'en cheris l'effet,
Et ce qui fut ma peur est enfin mon souhait.

MAXIMIN, *luy baisant la main.*

O favorable arrest, qui me comble de gloire
Et fait de ma prison ma plus digne victoire !

CAMILLE.

Ainsi souvent le Ciel conduit tout à tel poinct
Que ce qu'on craint arrive, et qu'il n'afflige point,
Et que ce qu'on redoute est enfin ce qu'on aime.

SCENE IV.

UN PAGE, DIOCLETIAN, MAXIMIN, VALERIE, CAMILLE, Gardes, Soldats, PLANCIEN.

Le Page.
Genest attend, Seigneur, dans un desir extréme,
De s'acquitter des vœux deubs à Vos Majestez.
(Il sort.)

Diocletian.
Qu'il entre.

Camille, à Valerie.
Il manquoit seul à vos prosperitez;
Et, quel que soit vostre heur, son art, pour le parfaire,
Semble en quelque façon vous estre necessaire.
Madame, obtenez-nous ce divertissement,
Que vous-mesme estimez et treuvez si charmant.

SCENE V.

GENEST, DIOCLETIAN, MAXIMIN, PLANCIEN, VALERIE, CAMILLE, Gardes, Soldats.

Genest.
Si parmy vos sujets une abjecte fortune
Permet de partager l'allegresse commune

Et de contribuer, en ces communs desirs,
Sinon à vostre gloire, au moins à vos plaisirs,
Ne desapprouvez pas, ô genereux monarques,
Que nostre affection vous produise ses marques,
Et que mes compagnons vous offrent par ma voix
Non des tableaux parlans de vos rares exploicts,
Non cette si celebre et si fameuse histoire
Que vos heureux succés laissent à la memoire,
Puis que le peuple grec, non plus que le romain,
N'a point pour les tromper une assez docte main,
Mais quelque effort au moins par qui nous puissions dire
Vous avoir delassez du grand faix de l'empire,
Et, par ce que nostre art aura de plus charmant
Avoir à vos grands soins ravy quelque moment.

DIOCLETIAN.

Genest, ton soin m'oblige, et la ceremonie
Du beau jour où ma fille à ce prince est unie,
Et qui met nostre joye en un degré si haut,
Sans un traict de ton art auroit quelque defaut.
Le theatre aujourd'huy, fameux par ton merite,
A ce noble plaisir puissamment sollicite ;
Et dans l'estat qu'il est ne peut, sans estre ingrat,
Nier de te devoir son plus brillant éclat.
Avec confusion j'ay veu cent fois tes feintes
Me livrer malgré moy de sensibles attaintes ;
En cent sujets divers suivant tes mouvements,
J'ay receu de tes feux de vrais ressentiments,
Et l'empire absolu que tu prends sur une ame
M'a fait cent fois de glace, et cent autres de flâme ;
Par ton art les heros plustost ressuscitez
Qu'imitez en effet et que representez,
Des cent et des mil ans aprés leurs funerailles,

Font encor des progrez et gagnent des batailles,
Et sous leurs noms fameux établissent des loix ;
Tu me fais en toy seul maistre de mille rois.
Le comique, où ton art également succede,
Est contre la tristesse un si present remede
Qu'un seul mot (quand tu veux), un pas, une action,
Ne laisse plus de prise à cette passion,
Et, par une soudaine et sensible merveille,
Jette la joye au cœur par l'œil ou par l'oreille.

####### GENEST.

Cette gloire, Seigneur, me confond à tel poinct...

####### DIOCLETIAN.

Croy qu'elle est legitime, et ne t'en defends point.
Mais passons aux autheurs, et dy-nous quel ouvrage
Aujourd'huy dans la scene a le plus de suffrage ;
Quelle plume est en regne, et quel fameux esprit
S'est acquis dans le cirque un plus juste credit.

####### GENEST.

Les gousts sont diferens, et souvent le caprice
Establit ce credit bien plus que la justice.

####### DIOCLETIAN.

Mais, entr'autres encor, qui l'emporte, en ton sens?

####### GENEST.

Mon goust, à dire vray, n'est point pour les recens ;
De trois ou quatre au plus peut-estre la memoire
Jusqu'aux siecles futurs conservera la gloire ;
Mais de les égaler à ces fameux autheurs
Dont les derniers des temps seront adorateurs,
Et de voir leurs travaux avec la reverence
Dont je voy les escrits d'un Plaute et d'un Terence,
Et de ces doctes Grecs, dont les rares brillans
Font qu'ils vivent encor si beaux aprés mil ans,

Et dont l'estime enfin ne peut estre effacée,
Ce seroit vous mentir et trahir ma pensée.

DIOCLETIAN.

Je sçay qu'en leurs escrits l'art et l'invention,
Sans doute, ont mis la scene en sa perfection;
Mais ce que l'on a veu n'a plus la douce amorce
Ny le vif aiguillon dont la nouveauté force;
Et ce qui surprendra nos esprits et nos yeux,
Quoy que moins achevé, nous divertira mieux.

GENEST.

Nos plus nouveaux sujets, les plus dignes de Rome,
Et les plus grands efforts des veilles d'un grand homme,
A qui les rares fruicts que la Muse produit
Ont acquis dans la scene un legitime bruit
(Et de qui certes l'art comme l'estime est juste),
Portent les noms fameux de Pompée et d'Auguste;
Ces poëmes sans prix où son illustre main
D'un pinceau sans pareil a peint l'esprit romain
Rendront de leurs beautez vostre oreille idolatre,
Et sont aujourd'huy l'ame et l'amour du theatre.

VALERIE.

J'ay sceu la haute estime où l'on les a tenus,
Mais leurs sujets enfin sont des sujets connus;
Et, quoy qu'ils ayent de beau, la plus rare merveille,
Quand l'esprit la connoît, ne surprend plus l'oreille;
Ton art est toûjours mesme, et tes charmes égaux,
Aux sujets anciens aussi bien qu'aux nouveaux;
Mais on vante sur tout l'inimitable adresse
Dont tu feints d'un chrestien le zele et l'allegresse,
Quand, le voyant marcher du baptesme au trépas,
Il semble que les feux soient des fleurs sous tes pas.

MAXIMIN.

L'épreuve en est aisée.
DIOCLETIAN.

Elle sera sans peine,
Si vostre nom, Seigneur, nous est libre en la scene;
Et la mort d'Adrian, l'un de ces obstinez,
Par vos derniers arrests n'agueres condamnez,
Vous sera figurée avec un art extréme,
Et si peu different de la verité méme
Que vous nous avoüerez de cette liberté
Où Cesar à Cesar sera representé,
Et que vous douterez si dans Nicomedie
Vous verrez l'effet mesme ou bien la comedie.
MAXIMIN.

Oüy, croy qu'avec plaisir je seray spectateur
En la mesme action dont je seray l'acteur.
Va, prepare un effort digne de la journée
Où le Ciel, m'honorant d'un si juste hymenée,
Met (par une avanture incroyable aux neveux)
Mon bon-heur et ma gloire au-dessus de mes vœux

ACTE II.

SCENE PREMIERE.

Le theatre s'ouvre.

GENEST, s'habillant et tenant son roole;
LE DECORATEUR.

Genest *considere le theatre et dit au Decorateur :*

Il est beau, mais encor, avec peu de dépense,
Vous pouviez adjoûter à sa magnificence,
N'y laisser rien d'aveugle, y mettre plus de jour,
Donner plus de hauteur aux travaux d'alentour,
En marbrer les dehors, en jasper les colomnes,
Enrichir leurs timpans, leurs cimes, leurs couronnes,
Mettre en vos coloris plus de diversité,
En vos carnations plus de vivacité,
Drapper mieux ces habits, reculer ces paysages,
Y lancer des jets d'eau, renfondrer leurs ombrages,
Et sur tout en la toile où vous peignez vos cieux
Faire un jour naturel au jugement des yeux,
Au lieu que la couleur m'en semble un peu meurtrie.

Le Decorateur.

Le temps nous a manqué plûtost que l'industrie;
Joint qu'on voit mieux de loin ces racourcissemens,
Ces corps sortant du plan de ces refondremens;
L'approche à ces desseins oste leurs perspectives,
En confond les faux jours, rend leurs couleurs moins vives,
Et, comme à la nature, est nuisible à nostre art
A qui l'éloignement semble apporter du fard.
La grace une autre fois y sera plus entiere.

Genest.

Le temps nous presse, allez, preparez la lumiere.

SCENE II.

GENEST, SEUL, SE PROMENANT ET LISANT SON ROOLE, DIT COMME EN REPASSANT ET ACHEVANT DE S'HABILLER.

« Ne delibere plus, Adrian, il est temps
De suivre avec ardeur ces fameux combattans;
Si la gloire te plaist, l'occasion est belle,
La querelle du Ciel à ce combat t'appelle;
La torture, le fer et la flâme t'attend,
Offre à leurs cruautez un cœur ferme et constant;
Laisse à de lâches cœurs verser d'indignes larmes,
Tendre aux tyrans les mains, et mettre bas les armes;
Toy, tends la gorge au fer, vois-en couler ton sang,
Et meurs, sans t'ebranler, debout et dans ton rang. »

(Il repete encor ces quatre derniers vers.)

« Laisse à de lâches cœurs, etc. »

SCENE III.

GENEST, MARCELE, ACHEVANT DE S'HABILLER ET TENANT SON ROOLE.

MARCELE.
Dieux! comment en ce lieu faire la comedie?
De combien d'importuns j'ay la teste étourdie!
Combien, à les oüyr, je faits de languissans!
Par combien d'attentats j'entreprends sur les sens!
Ma voix rendroit les bois et les rochers sensibles;
Mes plus simples regards sont des meurtres visibles;
Je foule autant de cœurs que je marche de pas;
La trouppe en me perdant perdroit tous ses appas.
Enfin, s'ils disent vray, j'ai lieu d'estre bien vaine;
De ces faux courtisans toute ma loge est plaine,
Et, lasse au dernier poinct d'entendre leurs douceurs,
Je les en ay laissez absolus possesseurs.
Je crains plus que la mort cette engeance idolâtre
De lutins importuns qu'engendre le theatre,
Et que la qualité de la profession
Nous oblige à souffrir avec discretion.
GENEST.
Outre le vieil usage où nous treuvons le monde,
Les vanitez encor, dont vostre sexe abonde,
Vous font avec plaisir supporter cet ennuy,
Par qui tout vostre temps devient le temps d'autruy.
Avez-vous repassé cet endroit pathetique
Où Flavie en sortant vous donne la replique?
Et vous souvenez-vous qu'il s'y faut exciter?

MARCELE, *luy baillant son roole.*

J'en prendray vostre advis, oyez-moy reciter.

(*Elle repete.*)

« J'oze à present, ô Ciel, d'une veüe asseurée,
Contempler les brillans de ta voûte azurée,
Et nier ces faux dieux, qui n'ont jamais foulé
De ce palais roulant le lambris étoillé.
A ton pouvoir, Seigneur, mon espoux rend hommage!
Il professe ta foy, ses fers t'en sont un gage;
Ce redoutable fleau des dieux sur les chrestiens,
Ce lyon alteré du sacré sang des tiens,
Qui de tant d'innocens crût la mort legitime,
De ministre qu'il fut, s'offre enfin pour victime,
Et, patient agneau, tend à tes ennemis
Un col à ton sainct joug heureusement soûmis. »

GENEST.

Outre que, dans la Cour que vous avez charmée,
On sçait que vostre estime est assez confirmée,
Ce recit me surprend, et vous peut acquerir
Un renom au theatre à ne jamais mourir.

MARCELE.

Vous en croyez bien plus que je ne m'en presume.

(*Elle rentre.*)

GENEST.

La Cour viendra bien-tost, commandez qu'on allume.

SCENE IV.

GENEST, SEUL, REPASSANT SON ROOLE
ET SE PROMENANT.

« Il seroit, Adrian, honteux d'estre vaincu ;
Si ton Dieu veut ta mort, c'est déja trop vescu ;
J'ay veu, Ciel, tu le sçais, par le nombre des ames
Que j'osay t'envoyer par des chemins de flames,
Dessus les grils ardens, et dedans les taureaux,
Chanter les condamnez et trembler les bourreaux. »
    (Il repete ces quatre vers.)
« J'ay veu, Ciel, tu le sçais, etc. »
 (Et puis, ayant un peu resvé et ne regardant plus
    son roole, il dit :)
Dieux, prenez contre moy ma defence et la vostre :
D'effet comme de nom je me treuve estre un autre ;
Je feints moins Adrian que je ne le deviens,
Et prends avec son nom des sentimens chrestiens ;
Je sçay (pour l'éprouver) que, par un long étude,
L'art de nous transformer nous passe en habitude ;
Mais il semble qu'icy des veritez sans fard
Passent et l'habitude et la force de l'art,
Et que Christ me propose une gloire eternelle,
Contre qui ma defense est vaine et criminelle ;
J'ay pour suspects vos noms de dieux et d'immortels ;
Je repugne aux respects qu'on rend à vos autels ;
Mon esprit, à vos loix secrettement rebelle,
En conçoit un mépris qui fait mourir son zele,

Et, comme de profane enfin sanctifié,
Semble se declarer pour un crucifié.
Mais où va ma pensée, et par quel privilege
Presque insensiblement passay-je au sacrilege,
Et du pouvoir des dieux perds-je le souvenir ?
Il s'agit d'imiter, et non de devenir.
(*Le ciel s'ouvre avec des flâmes, et une voix s'entend, qui dit :*)

  Poursuy, Genest, ton personnage.
  Tu n'imiteras point en vain ;
Ton salut ne dépend que d'un peu de courage,
  Et Dieu t'y prestera la main.

   Genest, *étonné, continuë.*

Qu'entends-je, juste Ciel, et par quelle merveille,
Pour me toucher le cœur, me frappes-tu l'oreille?
Souffle doux et sacré, qui me viens enflâmer,
Esprit saint et divin qui me viens animer,
Et qui, me souhaittant, m'inspires le courage,
Travaille à mon salut, acheve ton ouvrage ;
Guide mes pas douteux dans le chemin des cieux,
Et pour me les ouvrir dessille-moy les yeux.
Mais, ô vaine creance et frivole pensée,
Que du ciel cette voix me doive estre adressée !
Quelqu'un, s'appercevant du caprice où j'estois,
S'est voulu divertir par cette feinte voix,
Qui d'un si prompt effet m'excite tant de flâme,
Et qui m'a penetré jusqu'au profond de l'ame.
Prenez, dieux, contre Christ, prenez vostre party,
Dont ce rebelle cœur s'est presque départy ;
Et toy, contre les dieux, ô Christ, prens ta defense,
Puis qu'à tes loix ce cœur fait encor resistance,
Et dans l'onde agitée où flottent mes esprits

Terminez vostre guerre et m'en faites le prix;
Rendez-moy le repos dont ce trouble me prive.

SCENE V.

LE DECORATEUR venant allumer les chandelles, GENEST.

LE DECORATEUR.
Hastez-vous, il est temps, toute la Cour arrive.
GENEST.
Allons. Tu m'as distrait d'un roole glorieux,
Que je representois devant la cour des cieux,
Et de qui l'action m'est d'importance extréme,
Et n'a pas un objet moindre que le Ciel mesme.
Preparons la musique et laissons les placer.
LE DECORATEUR, *s'en allant ayant allumé.*
Il repassoit son roole et s'y veut surpasser.

SCENE VI.

DIOCLETIAN, MAXIMIN, VALERIE, CAMILLE, PLANCIEN, Suitte de Soldats, Gardes.

VALERIE.
Mon goust, quoy qu'il en soit, est pour la tragedie:
L'objet en est plus haut, l'action plus hardie,

Et les pensers, pompeux et plains de majesté,
Luy donnent plus de poids et plus d'auctorité.

Maximin.

Elle l'emporte enfin par les illustres marques
D'exemple des heros, d'ornement des monarques,
De regle et de mesure à leurs affections,
Par ses evenemens et par ses actions.

Plancien.

Le theatre aujourd'huy, superbe en sa structure,
Admirable en son art et riche en sa peinture,
Promet pour le sujet de mesmes qualitez.

Maximin.

Les effets en sont beaux, s'ils sont bien imitez.
Vous verrez un des miens, d'une insolente audace,
Au mépris de la part qu'il s'acquit en ma grace,
Au mépris de ses jours, au mépris de nos dieux,
Affronter le pouvoir de la terre et des cieux,
Et faire à mon amour succeder tant de haine
Que, bien loin d'en souffrir le spectacle avec peine,
Je verray d'un esprit tranquille et satisfait
De son zele obstiné le déplorable effet,
Et remourir ce traistre aprés sa sepulture,
Sinon en sa personne, au moins en sa figure.

Diocletian.

Pour le bien figurer, Genest n'oubliera rien;
Escoutons seulement, et tréve à l'entretien.

(Une voix chante avec un luth.)

La pièce commence.

SCENE VII.

GENEST seul sur le theatre élevé,
**DIOCLETIAN, MAXIMIN, VALERIE,
CAMILLE, PLANCIEN,**
Gardes assis, Suitte de Soldats.

    GENEST, *sous le nom d'*ADRIAN.
Ne delibere plus, Adrian, il est temps
De suivre avec ardeur ces fameux combattans;
Si la gloire te plaist, l'occasion est belle,
La querelle du Ciel à ce combat t'appelle;
La torture, le fer et la flâme t'attend;
Offre à leurs cruautez un cœur ferme et constant;
Laisse à de lâches cœurs verser d'indignes larmes,
Tendre aux tyrans les mains et mettre bas les armes;
Toy, tends la gorge au fer, vois-en couler ton sang,
Et meurs sans t'ébranler, debout, et dans ton rang.
La faveur de Cesar, qu'un peuple entier t'envie,
Ne peut durer, au plus, que le cours de sa vie;
De celle de ton Dieu, non plus que de ses jours,
Jamais nul accident ne bornera le cours.
Déja de ce tyran la puissance, irritée,
Si ton zele te dure, a ta perte arrestée;
Il seroit, Adrian, honteux d'estre vaincu;
Si ton Dieu veut ta mort, c'est déja trop vescu.
J'ay veu, Ciel, tu le sçais, par le nombre des ames
Que j'osay t'envoyer par des chemins de flâmes,

Dessus les grils ardens, et dedans les taureaux,
Chanter les condamnez et trembler les bourreaux ;
J'ay veu tendre aux enfans une gorge asseurée
A la sanglante mort qu'ils voyoient preparée,
Et tomber sous le coup d'un trépas glorieux
Ces fruicts à peine éclos, déja murs pour les cieux.
J'en ay veu, que le temps prescrit par la nature
Estoit prest de pousser dedans la sepulture,
Dessus les eschaffauts presser ce dernier pas,
Et d'un jeune courage affronter le trepas ;
J'ay veu mille beautez en la fleur de leur âge,
A qui, jusqu'aux tyrans, chacun rendoit hommage,
Voir avecque plaisir, meurtris et dechirez
Leurs membres precieux de tant d'yeux adorez ;
Vous l'avés veu, mes yeux, et vous craindriez sans honte
Ce que tout sexe brave, et que tout âge affronte !
Cette vigueur, peut-estre, est un effort humain ?
Non, non, cette vertu, Seigneur, vient de ta main ;
L'ame la puise au lieu de sa propre origine,
Et, comme les effets, la source en est divine.
C'est du Ciel que me vient cette noble vigueur
Qui me fait des tourmens mépriser la rigueur ;
Qui me fait deffier les puissances humaines,
Et qui fait que mon sang se deplaist dans mes veines ;
Qu'il brûle d'arrouser cet arbre precieux
Où pend pour nous le fruit le plus chery des Cieux.
J'ay peine à concevoir ce changement extréme,
Et sents que different, et plus fort que moy-méme,
J'ignore toute crainte, et puis voir sans terreur
La face de la mort en sa plus noire horreur.
Un seul bien que je perds, la seule Natalie,
Qu'à mon sort un sainct joug heureusement allie,

Et qui de ce sainct zele ignore le secret,
Parmy tant de ferveur mesle quelque regret.
Mais que j'ay peu de cœur, si ce penser me touche !
Si proche de la mort, j'ay l'amour en la bouche !

SCENE VIII.

FLAVIE, tribun representé par SERGESTE, comedien ; ADRIAN, deux Gardes.

FLAVIE.
Je croy, cher Adrian, que vous n'ignorez pas
Quel important sujet adresse icy mes pas ;
Toute la Cour, en trouble, attend d'estre éclaircie
D'un bruit dont au palais vostre estime est noircie,
Et que vous confirmez par vostre éloignement.
Chacun, selon son sens, en croit diversement :
Les uns, que pour railler cette erreur s'est semée ;
D'autres, que quelque sort a vostre ame charmée ;
D'autres, que le venin de ces lieux infectez
Contre vostre raison a vos sens revoltez ;
Mais, sur tout, de Cesar la croyance incertaine
Ne peut ou s'arrester ny s'asseoir qu'avec peine.
ADRIAN.
A qui dois-je le bien de m'avoir dénoncé ?
FLAVIE.
Nous estions au palais, où Cesar empressé
De grand nombre des siens, qui luy vantoient leur zele
A mourir pour les dieux, ou vanger leur querelle :

« Adrian (a-t'il dit d'un visage remis),
Adrian leur suffit contre tant d'ennemis ;
Seul, contre ces mutins il soûtiendra leur cause ;
Sur son unique soin mon esprit se repose.
Voyant le peu d'effet que la rigueur produit,
Laissons éprouver l'art, où la force est sans fruit.
Leur obstination s'irrite par les peines ;
Il est plus de captifs que de fers et de chaisnes ;
Les cachots, trop étroits, ne les contiennent pas ;
Les haches et les croix sont lasses de trépas ;
La mort, pour la trop voir, ne leur est plus sauvage ;
Pour trop agir contr'eux, le feu perd son usage.
En ces horreurs enfin le cœur manque aux bourreaux,
Aux juges la constance, aux mourans les travaux.
La douceur est souvent une invincible amorce
A ces cœurs obstinez qu'on aigrit par la force. »
Titian, à ces mots, dans la salle rendu :
« Ha ! s'est-il écrié, Cesar, tout est perdu. »
La frayeur, à ce cry, par nos veines s'étalle,
Un murmure confus se répand dans la salle.
« Qu'est-ce ? a dit l'empereur interdit et troublé ;
Le Ciel s'est-il ouvert ? le monde a-t'il tremblé ?
Quelque foudre lancé menasse-t'il ma teste ?
Rome d'un étranger est-elle la conqueste ?
Ou quelque embrazement consomme-t'il ces lieux ?
— Adrian, a-t'il dit, pour Christ renonce aux dieux. »

ADRIAN.

Oüy, sans doute, et de plus à Cesar, à moy-méme,
Et soûmets tout, Seigneur, à ton pouvoir supréme.

FLAVIE.

Maximin, à ce mot, furieux, l'œil ardent
(Signes avant-coureurs d'un funeste accident),

Pâlit, frappe du pied, fremit, deteste, tonne,
Comme desesperé, ne connoit plus personne,
Et nous fait voir au vif le geste et la couleur
D'un homme transporté d'amour et de douleur.
Et j'entends Adrian vanter encor son crime ?
De Cesar, de son maistre, il paye ainsi l'estime,
Et reconnoit si mal qui luy veut tant de bien !
ADRIAN.
Qu'il cesse de m'aimer, ou qu'il m'aime chrestien.
FLAVIE.
Les dieux, dont comme nous les monarques dépendent,
Ne le permettent pas, et les loix le defendent.
ADRIAN.
C'est le Dieu que je sers qui fait regner les rois,
Et qui fait que la terre en revere les loix.
FLAVIE.
Sa mort sur un gibet marque son impuissance.
ADRIAN.
Dittes mieux, son amour et son obeïssance.
FLAVIE.
Sur une croix, enfin.
ADRIAN.
Sur un bois glorieux,
Qui fut moins une croix qu'une eschelle des cieux.
FLAVIE.
Mais ce genre de mort ne pouvoit estre pire.
ADRIAN.
Mais, mourant, de la mort il détruisit l'empire.
FLAVIE.
L'auteur de l'univers entrer dans un cercueil !
ADRIAN.
Tout l'univers aussi s'en vit tendu de deüil,

Et le ciel effrayé cacha ses luminaires.
####### FLAVIE.
Si vous vous repaissez de ces vaines chimeres,
Ce mépris de nos dieux et de vostre devoir
En l'esprit de Cesar détruira vostre espoir.
####### ADRIAN.
Cesar m'abandonnant, Christ est mon asseurance;
C'est l'espoir des mortels dépouillez d'esperance.
####### FLAVIE.
Il vous peut mesme oster vos biens si precieux.
####### ADRIAN.
J'en seray plus leger pour monter dans les cieux.
####### FLAVIE.
L'indigence est à l'homme un monstre redoutable.
####### ADRIAN.
Christ, qui fut homme et Dieu, nâquit dans une étable;
Je méprise vos biens, et leur fausse douceur,
Dont on est possedé plûtost que possesseur.
####### FLAVIE.
Sa pieté l'oblige, autant que sa justice,
A faire des chrestiens un égal sacrifice.
####### ADRIAN.
Qu'il fasse, il tarde trop.
####### FLAVIE.
    Que vostre repentir....
####### ADRIAN.
Non, non, mon sang, Flavie, est tout prest à sortir.
####### FLAVIE.
Si vous vous obstinez, vostre perte est certaine.
####### ADRIAN.
L'attente m'en est douce, et la menace vaine.

Flavie.

Quoy ! vous n'ouvrirez point l'oreille à mes advis,
Aux soûpirs de la cour, aux vœux de vos amis,
A l'amour de Cesar, aux cris de Natalie,
A qui si recemment un si beau nœud vous lie?
Et vous voudriez souffrir que dans cet accident
Ce soleil de beauté treuvât son occident?
A peine, depuis l'heure à ce nœud destinée,
A-t'elle veu flamber les torches d'Hymenée;
Encor si quelque fruict de vos chastes amours
Devoit aprés la mort perpetuer vos jours!
Mais vous voulez mourir avecque la disgrace
D'éteindre vostre nom avecque vostre race,
Et, suivant la fureur d'un aveugle transport,
Nous estre tout ravy par une seule mort!
Si vostre bon genie attend l'heure opportune,
Sçavez-vous les emplois dont vous courez fortune?
L'espoir vous manque-t'il? et n'osez vous songer
Qu'avant qu'estre empereur Maximin fut berger?
Pour peu que sa faveur vous puisse estre constante,
Quel defaut vous defend une pareille attente?
Quel mépris obstiné des hommes et des dieux
Vous rend indifferents et la terre et les Cieux,
Et, comme si la mort vous estoit souhaittable,
Fait que pour l'obtenir vous vous rendez coupable,
Et vous faites Cesar et les dieux ennemis?
Pesez-en le succez d'un esprit plus remis;
Celuy n'a point peché, de qui la repentance
Temoigne la surprise et suit de prés l'offence.

Adrian.

La grace dont le Ciel a touché mes esprits
M'a bien persuadé, mais ne m'a point surpris;

Et, me laissant toucher à cette repentance,
Bien loin de reparer, je commettrois l'offence.
Allez, ny Maximin, courtois ou furieux,
Ny ce foudre qu'on peint en la main de vos dieux,
Ny la cour, ny le trône, avecque tous leurs charmes,
Ny Natalie enfin avec toutes ses larmes,
Ny l'univers rentrant dans son premier cahos,
Ne divertiroient pas un si ferme propos.

FLAVIE.
Pesez bien les effets qui suivront mes paroles.

ADRIAN.
Ils seront sans vertu comme elles sont frivoles.

FLAVIE.
Si raison ny douceur ne vous peut émouvoir,
Mon ordre va plus loin.

ADRIAN.
       Faites vostre devoir.

FLAVIE.
C'est de vous arrester et vous charger de chaines,
Si, comme je vous dis, l'une et l'autre sont vaines.

ADRIAN, *presentant ses bras aux fers, que les gardes luy attachent.*
Faites, je recevray ces fardeaux precieux
Pour les premiers presens qui me viennent des Cieux,
Pour de riches faveurs et de superbes marques
Du Cesar des Cesars et du roy des monarques;
Et j'iray sans contrainte où, d'un illustre effort,
Les soldats de Jesus triomphent de la mort.

                  (*Ils sortent tous.*)

SCENE IX.

DIOCLETIAN, MAXIMIN, Etc.

DIOCLETIAN.
En cet acte, Genest à mon gré se surpasse.
MAXIMIN.
Il ne se peut rien feindre avecque plus de grace.
VALERIE, *se levant*.
L'intermede permet de l'en feliciter
Et de voir les acteurs.
DIOCLETIAN.
Il se faut donc hâter.

ACTE III

SCENE PREMIERE

DIOCLETIAN, MAXIMIN, VALERIE,
CAMILLE, PLANCIEN,
Suitte de Gardes et de Soldats.

VALERIE, *descendant du theatre*.
Quel trouble ! quel desordre ! et comment sans miracle
Nous peuvent-ils produire aucun plaisant spectacle?

CAMILLE.

Certes, à voir entr'eux cette confusion,
L'ordre de leur recit semble une illusion.

MAXIMIN.

L'art en est merveilleux, il faut que je l'advouë,
Mais l'acteur qui paroist est celuy qui me jouë,
Et qu'avecque Genest j'ay veu se concerter.
Voyons de quelle grace il sçaura m'imiter.

SCENE II.

MAXIMIN, REPRESENTÉ PAR OCTAVE, COMEDIEN; ADRIAN CHARGÉ DE FERS; FLAVIE, SUITTE DE GARDES ET DE SOLDATS.

    MAXIMIN, *acteur.*
Sont-ce là les faveurs, traistre, sont-ce les gages
De ce maistre nouveau qui reçoit tes hommages,
Et qu'au mespris des droicts et du culte des dieux
L'impieté chrestienne oze placer aux cieux ?
    ADRIAN.
La nouveauté, Seigneur, de ce Maistre des maistres
Est devant tous les temps et devant tous les estres ;
C'est luy qui du neant a tiré l'univers,
Luy qui dessus la terre a répandu les mers ;
Qui de l'air estendit les humides contrées,
Qui sema de brillants les voûtes azurées,
Qui fit naistre la guerre entre les elemens,
Et qui regla des cieux les divers mouvemens.
La terre à son pouvoir rend un muet hommage ;
Les roys sont ses sujets, le monde est son partage ;
Si l'onde est agitée, il la peut affermir ;
S'il querelle les vents, ils n'ozent plus fremir ;
S'il commande au soleil, il arreste sa course ;
Il est maistre de tout, comme il en est la source ;
Tout subsiste par luy, sans luy rien n'eût esté :
De ce maistre, Seigneur, voila la nouveauté.

Voyez si sans raison il reçoit mes hommages,
Et si sans vanité j'en puis porter les gages.
Oüy, ces chaisnes, Cesar, ces fardeaux glorieux,
Sont aux bras d'un chrestien des presens precieux;
Devant nous, ce cher maistre en eut les mains chargées,
Au feu de son amour il nous les a forgées;
Loin de nous accabler, leur faix est nostre appuy,
Et c'est par ces chaisnons qu'il nous attire à luy.

MAXIMIN, *acteur.*

Dieux! à qui pourrons-nous nous confier sans crainte,
Et de qui nous promettre une amitié sans feinte?
De ceux que la fortune attache à nos costez;
De ceux que nous avons moins acquis qu'achetez,
Qui sous des fronts soûmis cachent des cœurs rebelles,
Que par trop de credit nous rendons infidelles?
O dure cruauté du destin de la cour,
De ne pouvoir souffrir d'inviolable amour,
De franchise sans fard, de vertu qu'offusquée,
De devoir que contraint, ny de foy que masquée!
Qu'entreprends-je, chetif, en ces lieux écartez,
Où, lieutenant des dieux justement irritez,
Je faits d'un bras vengeur éclatter les tempestes,
Et poursuy des chrestiens les sacrileges testes!
Si, tandis que j'en prends un inutile soin,
Je voy naistre chez moy ce que je suy si loin;
Ce que j'extirpe icy dans ma cour prend racine,
J'éleve auprés de moy ce qu'ailleurs j'extermine.
Ainsi nostre fortune, avec tout son éclat,
Ne peut (quoy qu'elle fasse) acheter un ingrat.

ADRIAN.

Pour croire un Dieu, Seigneur, la liberté de croire
Est-elle en vostre estime une action si noire,

Si digne de l'excés où vous vous emportez,
Et se peut-il souffrir de moindres libertez ?
Si jusques à ce jour vous avez crû ma vie
Inaccessible mesme aux assauts de l'envie,
Et si les plus censeurs ne me reprochent rien,
Qui m'a fait si coupable, en me faisant chrestien ?
Christ reprouve la fraude, ordonne la franchise,
Condamne la richesse injustement acquise,
D'une illicite amour defend l'acte innocent,
Et de tremper ses mains dans le sang innocent ;
Treuvez-vous en ces loix aucune ombre de crime,
Rien de honteux aux siens et rien d'illegitime ?
J'ay contr'eux éprouvé tout ce qu'eût pû l'enfer :
J'ay veu couler leur sang sous des ongles de fer ;
J'ay veu boüillir leurs corps dans la poix et les flâmes,
J'ay veu leur chair tomber sous de flambantes lames,
Et n'ay rien obtenu de ces cœurs glorieux,
Que de les avoir veus pousser des chants aux cieux,
Prier pour leurs bourreaux au fort de leur martyre,
Pour vos prosperitez et pour l'heur de l'empire.

MAXIMIN, *acteur*.

Insolent, est-ce à toy de te choisir des dieux ?
Les miens, ceux de l'empire et ceux de tes ayeux
Ont-ils trop foiblement étably leur puissance
Pour t'arrester au joug de leur obeïssance ?

ADRIAN.

Je cherche le salut, qu'on ne peut esperer
De ces dieux de metail qu'on vous voit adorer.

MAXIMIN, *acteur*.

Le tien, si cette humeur s'obstine à me déplaire,
Te garentira mal des traits de ma colere,
Que tes impietez attireront sur toy.

ADRIAN.
J'en pareray les coups du bouclier de la foy.
MAXIMIN, *acteur*.
Crains de voir, et bien-tost, ma faveur negligée
Et l'injure des dieux cruellement vengée;
De ceux que par ton ordre on a veus déchirez,
Que le fer a meurtris et le feu devorez,
Si tu ne divertis la peine où tu t'exposes,
Les plus cruels tourmens n'auront esté que roses.
ADRIAN.
Nos corps estans periz, nous esperons qu'ailleurs
Le Dieu que nous servons nous les rendra meilleurs.
MAXIMIN, *acteur*.
Traistre, jamais sommeil n'enchantera mes peines
Que ton perfide sang, épuisé de tes veines,
Et ton cœur sacrilege, aux corbeaux exposé,
N'ait rendu de nos dieux le courroux appaisé.
ADRIAN.
La mort dont je mourray sera digne d'envie,
Quand je perdray le jour pour l'autheur de la vie.
MAXIMIN, *acteur*.
Allez, dans un cachot accablez-le de fers,
Rassemblez tous les maux que sa secte a souffers,
Et faites à l'envy contre cet infidelle...
ADRIAN.
Dittes ce converty.
MAXIMIN, *acteur*.
Paroistre vostre zele.
Imaginez, forgez; le plus industrieux
A le faire souffrir sera le plus pieux.
J'emploiray ma justice, où ma faveur est vaine,
Et qui fuit ma faveur éprouvera ma haine.

ADRIAN, *s'en allant.*
Comme je te soûtiens, Seigneur, sois mon soûtien ;
Qui commence à souffrir commence d'estre tien.
(*Flavie emmène Adrian avec des gardes.*)

SCENE III.

MAXIMIN, acteur; Gardes.

MAXIMIN, *acteur.*
Dieux ! vous avez un foudre, et cette felonnie
Ne le peut allumer, et demeure impunie !
Vous conservez la vie et laissez la clarté
A qui vous veut ravir vostre immortalité,
A qui contre le Ciel souleve un peu de terre,
A qui veut de vos mains arracher le tonnerre,
A qui vous entreprend et vous veut détrôner
Pour un Dieu qu'il se forge et qu'il veut couronner !
Inspirez-moy, grands dieux ! inspirez-moi des peines
Dignes de mon courroux et dignes de vos haines,
Puis qu'à des attentats de cette qualité
Un supplice commun est une impunité.

SCENE IV.

FLAVIE ramenant Adrian a la prison, ADRIAN,
LE GEOLIER, Gardes.

FLAVIE, *au geolier.*
L'ordre exprés de Cesar le commet en ta garde.

LE GEOLIER.
Le vostre me suffit, et ce soin me regarde.

SCENE V.

NATALIE, FLAVIE, ADRIAN, LE GEOLIER.

NATALIE.
O nouvelle trop vraye! est-ce là mon espoux?
FLAVIE.
Nostre dernier espoir ne consiste qu'en vous;
Rendez-le-nous à vous, à Cesar, à luy-méme.
NATALIE.
Si l'effet n'en dépend que d'un desir extréme.....
FLAVIE.
Je vais faire esperer cet heureux changement;
Voyez-le.
  (*Flavie s'en va avec les gardes, et le geolier se retire.*)
ADRIAN.
            Tais-toy, femme, et m'écoute un moment.
Par l'usage des gents et par les loix romaines,
La demeure, les biens, les delices, les peines,
Tout espoir, tout profit, tout humain interest,
Doivent estre communs à qui la couche l'est;
Mais que, comme la vie et comme la fortune,
Leur creance toûjours leur doive estre commune,
D'étendre jusqu'aux dieux cette communauté,
Aucun droict n'établit cette necessité.

Supposons toutesfois que la loy le desire,
Il semble que l'espoux, comme ayant plus d'empire,
Ait le droict, le plus juste ou le plus specieux
De prescrire chez soy le culte de ses dieux.
Ce que tu vois enfin, ce corps chargé de chaisnes,
N'est l'effet ny des loix, ny des raisons humaines;
Mais dequoy des chrestiens j'ay reconnu le Dieu,
Et dit à vos autels un eternel adieu.
Je l'ay dit, je le dis, et trop tard pour ma gloire,
Puis qu'enfin je n'ay crû qu'estant forcé de croire;
Qu'aprés les avoir veus, d'un visage serain,
Pousser des chants aux Cieux dans des taureaux d'airain;
D'un souffle, d'un regard, jetter vos dieux par terre,
Et l'argille et le bois s'en briser comme verre;
Je les ay combattus, ces effets m'ont vaincu;
J'ay reconnu par eux l'erreur où j'ay vescu;
J'ay veu la verité, je la suy, je l'embrasse;
Et, si Cesar pretend par force, par menasse,
Par offres, par conseils ou par allechemens,
Et toy, ny par soûpirs, ni par embrassemens,
Esbranler une foy si ferme et si constante,
Tous deux vous vous flattez d'une inutile attente.
Reprens sur ta franchise un empire absolu,
Que le nœud qui nous joint demeure resolu;
Vefve dés à present, par ma mort prononcée,
Sur un plus digne objet adresse ta pensée;
Ta jeunesse, tes biens, ta vertu, ta beauté,
Te feront mieux treuver que ce qui t'est osté.
Adieu; pourquoy (cruelle à de si belles choses)
Noyes-tu de tes pleurs ces œillets et ces roses?
Bien-tost, bien-tost le sort, qui t'oste ton espoux,
Te fera respirer sous un hymen plus doux.

Que fais-tu? tu me suis! Quoy! tu m'aimes encore?
O! si de mon desir l'effet pouvoit éclore,
Ma sœur (c'est le seul nom dont je te puis nommer),
Que sous de douces loix nous nous pourrions aymer!
  (*L'embrassant.*)
Tu sçaurois que la mort, par qui l'ame est ravie,
Est la fin de la mort plustost que de la vie;
Qu'il n'est amour ny vie en ce terrestre lieu,
Et qu'on ne peut s'aimer ny vivre qu'avec Dieu.

NATALIE, *l'embrassant.*

O d'un Dieu tout puissant merveilles souveraines!
Laisse moy, cher espoux, prendre part en tes chaisnes!
Et, si ny nostre hymen ny ma chaste amitié
Ne m'ont assez acquis le nom de ta moitié,
Permets que l'alliance enfin s'en accomplisse,
Et que Christ de ces fers aujourd'huy nous unisse.
Croy qu'ils seront pour moy d'indissolubles nœuds,
Dont l'étrainte en toy seul sçaura borner mes vœux.

ADRIAN.

O Ciel! ô Natalie! Ah! douce et saincte flâme,
Je r'allume mes feux, et reconnois ma femme;
Puis qu'au chemin du Ciel tu veux suivre mes pas,
Sois mienne, chere espouse, au dela du trépas.
Que mes vœux, que ta foy... Mais tire-moy de peine,
Ne me flattay-je point d'une creance vaine?
D'où te vient le beau feu qui t'échauffe le sein?
Et quand as-tu conceu ce genereux dessein?
Par quel heureux motif?

NATALIE.
          Je te vais satisfaire.
Il me fut inspiré presque au flanc de ma mere,
Et presque en mesme instant le Ciel versa sur moy

La lumiere du jour et celle de la foy.
Il fit qu'avec le laict, pendante à la mammelle,
Je sucçay des chrestiens la creance et le zele;
Et ce zele avec moy crût jusqu'à l'heureux jour
Que mes yeux, sans dessein, m'acquirent ton amour.
Tu sçais, s'il t'en souvient, de quelle resistance
Ma mere, en cette amour, combattit ta constance;
Non qu'un si cher party ne nous fût glorieux,
Mais pour sa repugnance au culte de tes dieux;
De Cesar toutefois la supréme puissance
Obtint ce triste adveu de son obeïssance;
Ses larmes seulement marquerent ses douleurs :
Car qu'est-ce qu'une esclave a de plus que des pleurs?
Enfin, le jour venu que je te fus donnée :
« Va, me dit-elle à part, va, fille infortunée,
Puis qu'il plaist à Cesar, mais sur tout souvien-toy
D'estre fidelle au Dieu dont nous suivons la loy,
De n'adresser qu'à luy tes vœux ny tes prieres,
De renoncer au jour plûtost qu'à ses lumieres,
Et detester autant les dieux de ton espoux
Que ses chastes baisers te doivent estre doux. »
Au defaut de ma voix, mes pleurs luy répondirent,
Tes gens dedans ton char aussi-tost me rendirent,
Mais l'esprit si remply de cette impression
Qu'à peine eus-je des yeux pour voir ta passion,
Et qu'il fallut du temps pour ranger ma franchise
Au poinct où ton merite à la fin l'a soûmise.
L'œil qui voit dans les cœurs clair comme dans les cieux
Sçait quelle aversion j'ay depuis pour tes dieux;
Et, depuis nostre hymen, jamais le culte impie
(Si tu l'as observé) ne m'a cousté d'hostie;
Jamais sur leurs autels mes encens n'ont fumé;

Et, lors que jé t'ay veu, de fureur enflâmé,
Y faire tant offrir d'innocentes victimes,
J'ay souhaitté cent fois de mourir pour tes crimes,
Et cent fois vers le Ciel, témoin de mes douleurs,
Poussé pour toy des vœux accompagnez de pleurs.

ADRIAN.
Enfin je reconnois, ma chere Natalie,
Que je dois mon salut au sainct nœud qui nous lie;
Permets moy toutesfois de me plaindre à mon tour,
Me voyant te cherir d'une si tendre amour;
Y pouvois-tu répondre et me tenir cachée
Cette celeste ardeur dont Dieu t'avoit touchée?
Peux-tu, sans t'émouvoir, avoir veu ton espoux
Contre tant d'innocens exercer son courroux?

NATALIE.
Sans m'émouvoir, helas! le Ciel sçait si tes armes
Versoient jamais de sang sans me tirer des larmes.
Je m'en émeus assez; mais eussay-jé esperé
De reprimer la soif d'un lyon alteré,
De contenir un fleuve inondant une terre,
Et d'arrester dans l'air la cheute d'un tonnerre?
J'ay failly toutesfois, j'ay deu parer tes coups;
Ma crainte fut coupable autant que ton couroux :
Partageons donc la peine aussi bien que les crimes;
Si ces fers te sont deubs, ils me sont legitimes.
Tous deux dignes de mort, et tous deux resolus,
Puis que nous voicy joints, ne nous separons plus;
Qu'aucun temps, qu'aucun lieu, jamais ne nous divisent,
Un supplice, un cachot, un juge, nous suffisent.

ADRIAN.
Par un ordre celeste, aux mortels inconnu,
Chacun part de ce lieu quand son temps est venu;

Suy cet ordre sacré, que rien ne doit confondre,
Lors que Dieu nous appelle, il est temps de répondre ;
Ne pouvant avoir part en ce combat fameux,
Si mon cœur au besoin ne répond à mes vœux,
Merite, en m'animant, ta part de la couronne
Qu'en l'empire eternel le martyre nous donne ;
Au defaut du premier, obtiens le second rang,
Acquiers par tes souhaits ce qu'on nie à ton sang,
Et dedans le peril m'assiste en cette guerre.

NATALIE.

Bien donc, choisis le Ciel, et me laisse la terre.
Pour ayder ta constance en ce pas perilleux,
Je te suivray par tout et jusques dans les feux ;
Heureuse si la loy qui m'ordonne de vivre
Jusques au Ciel enfin me permet de te suivre,
Et si de ton tyran le funeste courroux
Passe jusqu'à l'espouse, ayant meurtry l'espoux.
Tes gens me rendront bien ce favorable office
De garder qu'à mes soins Cesar ne te ravisse
Sans en apprendre l'heure et m'en donner advis,
Et bien-tost de mes pas les tiens seront suivis ;
Bien-tost...

ADRIAN.

Espargne leur cette inutile peine,
Laisse m'en le soucy, leur veille seroit vaine ;
Je ne partiray point de ce funeste lieu
Sans ton dernier baiser et ton dernier adieu ;
Laisses-en sur mon soin reposer ton attente.

SCENE VI.

FLAVIE, Gardes, ADRIAN, NATALIE.

Flavie.
Aux desseins importans, qui craint impatiente;
Et bien, qu'obtiendrons-nous? Vos soins officieux
A vostre espoux aveugle ont-ils ouvert les yeux?
Natalie.
Nul interest humain, nul respect ne le touche;
Quand j'ay voulu parler, il m'a fermé la bouche,
Et, detestant les dieux, par un long entretien
A voulu m'engager dans le culte du sien;
Enfin, ne tentez plus un dessein impossible,
Et gardez que, heurtant ce cœur inaccessible,
Vous ne vous y blessiez, pensant le secourir,
Et ne gagniez le mal que vous voulez guerir;
Ne vueilliez point son bien à vostre prejudice,
Souffrez, souffrez plustost que l'obstiné perisse;
Rapportez à Cesar nostre inutile effort,
Et, si la loy des dieux fait conclure à sa mort,
Que l'effet prompt et court en suive la menace,
J'implore seulement cette derniere grace;
Si de plus doux succés n'ont suivy mon espoir,
J'ay l'advantage au moins d'avoir fait mon devoir.
Flavie.
O vertu sans égale et sur toutes insigne!
O d'une digne espouse espoux sans doute indigne!

Avec quelle pitié le peut-on secourir,
Si, sans pitié de soy, luy mesme il veut perir?

NATALIE.

Allez, n'esperez pas que ny force ny crainte
Puissent rien où mes pleurs n'ont fait aucune atteinte :
Je connois trop son cœur, j'en sçay la fermeté,
Incapable de crainte et de legereté;
A regret contre luy je rends ce témoignage,
Mais l'interest du Ciel à ce devoir m'engage;
Encor un coup, cruel, au nom de nostre amour,
Au nom sainct et sacré de la celeste Cour,
Reçoy de ton espouse un conseil salutaire,
Deteste ton erreur, rends-toy le Ciel prospere;
Songe et propose-toy que tes travaux presens,
Comparez aux futurs, sont doux ou peu cuisans!
Voy combien cette mort importe à ton estime!
D'où tu sorts, où tu vas, et quel objet t'anime!

ADRIAN.

Mais toy, contien ton zele, il m'est assez connu,
Et songe que ton temps n'est pas encor venu,
Que je te vais attendre à ce port desirable.
Allons, executez le decret favorable
Dont j'attends mon salut plûtost que le trépas.

FLAVIE, *le livrant au geolier et s'en allant.*

Vous en estes coupable en ne l'évitant pas.

SCENE VII.

NATALIE, seule.

J'ose à present, ô Ciel, d'une veuë asseurée,
Contempler les brillans de ta voûte azurée,
Et nier ces faux dieux, qui n'ont jamais foulé
De ce palais roullant le lambris étoillé.
A ton pouvoir, Seigneur, mon espoux rend hommage;
Il professe ta foy, ses fers t'en sont un gage;
Ce redoutable fleau des dieux sur les chrestiens,
Ce lyon alteré du sacré sang des tiens,
Qui de tant d'innocens crût la mort legitime,
De ministre qu'il fut, s'offre enfin pour victime,
Et, patient agneau, tend à tes ennemis
Un col à ton sainct joug heureusement soûmis.
Rompons, aprés sa mort, nostre honteux silence,
De ce lâche respect forçons la violence,
Et disons aux tyrans, d'une constante voix,
Ce qu'à Dieu du penser nous avons dit cent fois.
Donnons air au beau feu dont nostre ame est pressée;
En cette illustre ardeur mille m'ont devancée;
D'obstacles infinis mil ont sceu triomfer,
Cecile des tranchants, Prisque des dents de fer,
Fauste des plombs boüillans, Dipne de sa noblesse,
Agathe de son sexe, Agnés de sa jeunesse,
Tecle de son amant, et toutes du trépas;
Et je repugnerois à marcher sur leurs pas!
                    (*Elle r'entre.*)

SCENE VIII.

GENEST, DIOCLETIAN, MAXIMIN, Etc.

GENEST.

Seigneur, le bruit confus d'une foule importune
De gens qu'à vostre suitte attache la fortune,
Par le trouble où nous met cette incommodité,
Altere les plaisirs de Vostre Majesté,
Et nos acteurs confus de ce desordre extréme.....

DIOCLETIAN, *se levant avec toute la Cour.*

Il y faut donner ordre, et l'y porter nous-mesme.
De vos dames la jeune et courtoise beauté
Vous attire toûjours cette importunité.

ACTE IV

SCENE PREMIERE.

DIOCLETIAN, MAXIMIN,
VALERIE, CAMILLE, PLANCIEN, Gardes,
descendans du theatre.

Valerie, *à Diocletian*.
Vostre ordre a mis le calme, et dedans le silence
De ces irreverens contiendra l'insolence.
Diocletian.
Escoutons car Genest dedans cette action,
Passe aux derniers efforts de sa profession.

SCENE II.

ADRIAN, FLAVIE, Gardes,
DIOCLETIAN, MAXIMIN, VALERIE, CAMILLE,
PLANCIEN, Suitte de Gardes.

Flavie.
Si le Ciel, Adrian, ne t'est bien-tost propice,

D'un infaillible pas tu cours au precipice.
J'avois veu, par l'espoir d'un proche repentir,
De Cesar irrité le courroux s'allentir;
Mais, quand il a connu nos prieres, nos peines,
Les larmes de ta femme et son attente vaines
(L'œil ardent de colere et le teint palissant) :
« Amenez (a-t'il dit d'un redoutable accent),
Amenez ce perfide, en qui mes bons offices
Rencontrent aujourd'huy le plus lâche des vices;
Et que l'ingrat apprenne à quelle extremité
Peut aller la fureur d'un monarque irrité. »
Passant de ce discours, s'il faut dire, à la rage,
Il invente, il ordonne, il met tout en usage,
Et si le repentir de ton aveugle erreur
N'en détourne l'effet et n'êteint sa fureur...

ADRIAN.

Que tout l'effort, tout l'art, toute l'adresse humaine,
S'unisse pour ma perte et conspire à ma peine,
Celuy qui d'un seul mot crea châque element,
Leur donnant l'action, le poids, le mouvement,
Et prestant son concours à ce fameux ouvrage,
Se retint le pouvoir d'en suspendre l'usage :
Le feu ne peut brûler, l'air ne sçauroit mouvoir,
Ny l'eau ne peut couler qu'au gré de son pouvoir;
Le fer, solide sang des veines de la terre
Et fatal instrument des fureurs de la guerre,
S'émousse, s'il l'ordonne, et ne peut penetrer
Où son pouvoir s'oppose et luy defend d'entrer :
Si Cesar m'est cruel, il me sera prospere;
C'est luy que je soûtiens, c'est en luy que j'espere;
Par son soin, tous les jours, la rage des tyrans
Croit faire des vaincus et fait des conquerans.

FLAVIE.

Souvent en ces ardeurs la mort qu'on se propose
Ne semble qu'un ébat, qu'un souffle, qu'une rose;
Mais, quand ce spectre affreux sous un front inhumain,
Les tenailles, les feux, les haches à la main,
Commence à nous paroistre et faire ses approches,
Pour ne s'effrayer pas il faut estre des roches,
Et nostre repentir, en cette occasion,
S'il n'est vain, pour le moins tourne à confusion.

ADRIAN.

J'ay contre les chrestiens servy long-temps vos haines,
Et j'appris leur constance en ordonnant leurs peines.
Mais, avant que Cesar ait prononcé l'arrest,
Dont l'execution me treuvera tout prest,
Souffrez que d'un adieu j'acquitte ma promesse
A la chere moitié que Dieu veut que je laisse,
Et que, pour dernier fruict de nostre chaste amour,
Je prenne congé d'elle en le prenant du jour.

FLAVIE.

Allons, la pieté m'oblige à te complaire,
Mais ce retardement aigrira sa colere.

ADRIAN.

Le temps en sera court, devancez moy d'un pas.

FLAVIE.

Marchons, le zele ardent qui le porte au trépas
Nous est de sa personne une assez seure garde.

UN GARDE.

Qui croit un prisonnier toutefois le hazarde.

ADRIAN.

Mon ardeur et ma foy me gardent seurement;
N'avancez rien qu'un pas, je ne veux qu'un moment.

(Ils s'en vont.)

SCENE III.

ADRIAN, SEUL, CONTINUE.

Ma chere Natalie, avec quelle allegresse
Verras-tu ma visite acquitter ma promesse !
Combien de saincts baisers, combien d'embrassemens,
Produiront de ton cœur les secrets mouvemens !
Prens ma sensible ardeur, prens conseil de ma flâme,
Marchons asseurément sur les pas d'une femme,
Ce sexe qui ferma, r'ouvrit depuis les Cieux ;
Les fruits de la vertu sont par tout precieux ;
Je ne puis souhaiter de guide plus fidelle.
J'approche de la porte, et l'on ouvre, c'est elle :

SCENE IV.

NATALIE, ADRIAN.

ADRIAN, *la voulant embrasser.*
Enfin, chere moitié...
    NATALIE, *se retirant et luy fermant la porte.*
              Comment, seul, et sans fers ?
Est-ce là ce martyr, ce vainqueur des enfers,
Dont l'illustre courage et la force infinie
De ses persecuteurs bravoient la tyrannie ?
       ADRIAN.
Ce soupçon, ma chere ame !

NATALIE.

       Aprés ta lâcheté,
Va, ne me tiens plus, traistre, en cette qualité;
Du Dieu que tu trahis je partage l'injure.
Moy, l'ame d'un payen! moy, l'ame d'un parjure!
Moy, l'ame d'un chrestien qui renonce à sa loy!
D'un homme enfin sans cœur, et sans ame, et sans foy!

ADRIAN.

Daigne m'entendre, un mot!

NATALIE.

       Je n'entends plus un lâche
Qui dés le premier pas chancelle et se relâche,
Dont la seule menace ébranle la vertu,
Qui met les armes bas sans avoir combattu;
Et qui, s'estant fait croire une invincible roche,
Au seul bruict de l'assaut, se rend avant l'approche.
Va, perfide, aux tyrans à qui tu t'es rendu
Demander lâchement le prix qui t'en est deu.
Que l'espargne romaine en tes mains se desserre;
Exclus des biens du Ciel, songe à ceux de la terre;
Mais, parmy ses honneurs et ses rangs superflus,
Compte moy pour un bien qui ne t'appartient plus.

ADRIAN.

Je ne te veux qu'un mot, accorde ma prière.

NATALIE.

Ha! que de ta prison n'ay-je esté la geoliere!
J'aurois souffert la mort avant ta liberté.
Traistre, qu'esperes-tu de cette lâcheté?
La cour s'en raillera; ton tyran, quoy qu'il die,
Ne sçauroit en ton cœur priser ta perfidie;
Les martyrs, animez d'une saincte fureur,

ACTE IV, SCENE IV.

En rougiront de honte et fremiront d'horreur ;
Contre toy, dans le ciel, Christ arme sa justice ;
Les ministres d'enfer preparent ton supplice,
Et tu viens, rejetté de la terre et des Cieux,
Pour me perdre avec toy, chercher grace en ces lieux ?
  (*Elle sort furieuse, et dit en s'en allant :*)
Que feray-je, ô Seigneur ! Puis-je souffrir sans peine
L'ennemy de ta gloire et l'objet de ta haine ?
Puis-je vivre, et me voir, en ce confus estat,
De la sœur d'un martyr, femme d'un apostat,
D'un ennemy de Dieu, d'un lâche, d'un infame ?

ADRIAN.

Je te vais détromper ; où cours-tu, ma chere ame ?

NATALIE.

Ravir dans ta prison, d'une mâle vigueur,
La palme qu'aujourd'huy tu perds faute de cœur,
Y joindre les martyrs, et, d'une saincte audace,
Remplir chez eux ton rang et combattre en ta place,
Y cueillir les lauriers dont Dieu t'eût couronné,
Et prendre au Ciel le lieu qui t'estoit destiné.

ADRIAN.

Pour quelle défiance alteres-tu ma gloire ?
Dieu toûjours en mon cœur conserve sa victoire ;
Il a receu ma foy, rien ne peut l'ébranler,
Et je cours au trépas, bien loin d'en reculer.
Seul, sans fers, mais armé d'un invincible zele,
Je me rends au combat où l'empereur m'appelle ;
Mes gardes vont devant, et je passe en ce lieu
Pour te tenir parole et pour te dire adieu.
M'avoir osté mes fers n'est qu'une vaine adresse
Pour me les faire craindre et tenter ma foiblesse ;
Et moy, pour tout effet de ce soulagement,

J'attends le seul bon-heur de ton embrassement.
Adieu, ma chere sœur, illustre et digne femme,
Je vais par un chemin d'épines et de flâme,
Mais qu'auparavant moy Dieu luy-mesme a battu,
Te retenir un lieu digne de ta vertu.
Adieu, quand mes bourreaux exerceront leur rage,
Implore-moy du Ciel la grace et le courage
De vaincre la nature, en cet heureux malheur,
Avec une constance égale à ma douleur.

NATALIE, *l'embrassant.*

Pardonne à mon ardeur, cher et genereux frere,
L'injuste impression d'un soupçon temeraire,
Qu'en l'apparent estat de cette liberté,
Sans gardes et sans fers, tu m'avois suscité :
Va, ne relâche rien de cette saincte audace
Qui te fait des tyrans mépriser la menace ;
Quoy qu'un grand t'entreprenne, un plus grand est pour toy;
Un Dieu te soûtiendra, si tu soûtiens sa foy.
Cours, genereux athlete, en l'illustre carriere
Où de la nuict du monde on passe à la lumiere ;
Cours, puis qu'un Dieu t'apelle aux pieds de son autel,
Dépoüiller sans regret l'homme infirme et mortel ;
N'épargne point ton sang en cette saincte guerre ;
Prodigues-y ton corps, rends la terre à la terre,
Et redonne à ton Dieu, qui sera ton appuy,
La part qu'il te demande, et que tu tiens de luy ;
Fuy sans regret le monde et ses fausses delices,
Où les plus innocens ne sont point sans supplices,
Dont le plus ferme estat est toûjours inconstant,
Dont l'estre et le non estre ont presque un même instant,
Et pour qui toutefois la nature aveuglée
Inspire à ses enfans une ardeur déreglée

Qui les fait si souvent, au peril du trépas,
Suivre la vanité de ses trompeurs appas.
Ce qu'un siecle y produit, un moment le consomme;
Porte les yeux plus haut, Adrian, parois homme;
Combats, souffre, et t'acquiers, en mourant en chrestien,
Par un moment de mal, l'eternité d'un bien.

ADRIAN.

Adieu, je cours, je vole au bon-heur qui m'arrive;
L'effet en est trop lent, l'heure en est trop tardive;
L'ennuy seul que j'emporte, ô genereuse sœur,
Et qui de mon attente altere la douceur,
Est que la loy, contraire au Dieu que je professe,
Te prive par ma mort du bien que je te laisse,
Et l'acquerant au fisc, oste à ton noble sang,
Le soûtien de sa gloire et l'appuy de son rang.

NATALIE.

Quoy! le vol que tu prends vers les celestes plaines
Souffre encor tes regards sur les choses humaines?
Si dépoüillé du monde et si prest d'en partir,
Tu peux parler en homme, et non pas en martyr?
Qu'un si foible interest ne te soit point sensible;
Tiens au Ciel, tiens à Dieu, d'une force invincible;
Conserve-moy ta gloire, et je me puis vanter
D'un tresor precieux que rien ne peut m'oster.
Une femme possede une richesse extréme,
Qui possede un espoux possesseur de Dieu même;
Toy, qui de ta doctrine assiste les chrestiens,
Approche, cher Anthyme, et joins tes vœux aux miens

SCENE V.

ANTHISME, ADRIAN, NATALIE.

ANTHISME.
Un bruit qui par la ville a frappé mon oreille,
De ta conversion m'apprennant la merveille
Et le noble mépris que tu faits de tes jours,
M'amene à ton combat, plûtost qu'à ton secours.
Je sçay combien Cesar t'est un foible adversaire,
Je sçay ce qu'un chrestien sçait et souffrir et faire,
Et je sçay que jamais, pour la peur du trépas,
Un cœur touché de Christ n'a rebroussé ses pas.
Va donc, heureux amy, va presenter ta teste,
Moins au coup qui t'attend qu'au laurier qu'on t'apreste ;
Va de tes saincts propos éclorre les effets,
De tous les chœurs des Cieux va remplir les souhaits ;
Et vous, hostes du Ciel, sainctes legions d'anges,
Qui du nom trois fois sainct celebrez les loüanges,
Sans interruption de vos sacrez concerts,
A son aveuglement tenez les cieux ouverts.

ADRIAN.
Mes vœux arriveront à leur comble suprême
Si, lavant mes pechez de l'eau du sainct baptesme,
Tu m'enrolles au rang de tant d'heureux soldats
Qui sous mesme estendart ont rendu des combats.
Confirme, cher Anthisme, avec cette eau sacrée,
Par qui presque en tous lieux la croix est arborée,
En ce fragile sein le projet glorieux

De combattre la terre et conquerir les cieux.
ANTHISME.
Sans besoin, Adrian, de cette eau salutaire,
Ton sang t'imprimera ce sacré caractere ;
Conserve seulement une invincible foy,
Et, combattant pour Dieu, Dieu combattra pour toy.

ADRIAN, *regardant le ciel, et resvant un peu longtemps, dit enfin :*

Ha ! Lentule ! en l'ardeur dont mon ame est pressée,
Il faut lever le masque et t'ouvrir ma pensée ;
Le Dieu que j'ay haï m'inspire son amour ;
Adrian a parlé, Genest parle à son tour !
Ce n'est plus Adrian, c'est Genest qui respire
La grace du baptesme et l'honneur du martyre ;
Mais Christ n'a point commis à vos profanes mains

(*Regardant au ciel, dont l'on jette quelques flames.*)

Ce sceau mysterieux dont il marque ses saints ;
Un ministre celeste, avec une eau sacrée,
Pour laver mes forfaits fend la voûte azurée ;
Sa clarté m'environne, et l'air de toutes parts
Resonne de concerts et brille à mes regards.

(*Il monte deux ou trois marches, et passe derriere la tapisserie.*)

Descens, celeste acteur ; tu m'attends ! tu m'appelles !
Attens, mon zele ardent me fournira des aisles ;
Du Dieu qui t'a commis départs-moy les bontez.

MARCELE, *qui representoit Natalie.*

Ma replique a manqué, ces vers sont adjoûtez.

LENTULE, *qui faisoit Anthyme.*

Il les fait sur le champ, et, sans suivre l'histoire,
Croit couvrir en r'entrant son defaut de memoire.

DIOCLETIAN.

Voyez avec quel art Genest sçait aujourd'huy
Passer de la figure aux sentimens d'autruy.

VALERIE.

Pour tromper l'auditeur, abuser l'acteur mesme,
De son mestier, sans doute, est l'adresse supreme.

SCENE VI.

FLAVIE, GARDES, MARCELE, LENTULE, DIOCLETIAN, ETC.

FLAVIE.

Ce moment dure trop, treuvons-le promptement,
Cesar nous voudra mal de ce retardement ;
Je sçay sa violence et redoute sa haine.

UN SOLDAT.

Ceux qu'on mande à la mort ne marchent pas sans peine.

MARCELE.

Cet homme si celebre en sa profession,
Genest, que vous cherchez, a troublé l'action,
Et, confus qu'il s'est veu, nous a quitté la place.

FLAVIE, *qui est Sergeste*.

Le plus heureux, par fois, tombe en cette disgrace ;
L'ardeur de reüssir le doit faire excuser.

CAMILLE, *riant à Valerie*.

Comme son art, Madame, a sceu les abuser!

SCENE VII.

GENEST, SERGESTE, LENTULE, MARCELE, GARDES, DIOCLETIAN, VALERIE, Etc.

Genest *regardant le ciel, le chapeau à la main.*
Supréme Majesté, qui jettes dans les ames,
Avec deux gouttes d'eau, de si sensibles flâmes !
Acheve tes bontez, represente avec moy
Les saincts progrés des cœurs convertis à ta foy !
Faisons voir dans l'amour dont le feu nous consomme,
Toy le pouvoir d'un Dieu, moy le devoir d'un homme ;
Toy l'accueil d'un vainqueur sensible au repentir,
Et moy, Seigneur, la force et l'ardeur d'un martyr.
MAXIMIN.
Il feint comme animé des graces du baptesme.
VALERIE.
Sa feinte passeroit pour la verité mesme.
PLANCIEN.
Certes, ou ce spectacle est une verité,
Ou jamais rien de faux ne fut mieux imité.
GENEST.
Et vous, chers compagnons de la basse fortune
Qui m'a rendu la vie avecque vous commune,
Marcele, et vous, Sergeste, avec qui tant de fois
J'ay du Dieu des chrestiens scandalisé les loix,
Si je puis vous prescrire un advis salutaire,
Cruels, adorez-en jusqu'au moindre mystere,

Et cessez d'attacher avec de nouveaux clouds
Un Dieu qui sur la croix daigne mourir pour vous;
Mon cœur, illuminé d'une grace celeste.....
．　　　MARCELE.
Il ne dit pas un mot du couplet qui luy reste.
SERGESTE.
Comment, se preparant avecque tant de soin...
LENTULE, *regardant derriere la tapisserie.*
Hola! qui tient la piece ?
GENEST.
Il n'en est plus besoin.
Dedans cette action, où le Ciel s'interesse,
Un ange tient la piece, un ange me r'adresse,
Un ange par son ordre a comblé mes souhaits
Et de l'eau du baptesme effacé mes forfaits;
Ce monde perissable et sa gloire frivole
Est une comedie où j'ignorois mon roole.
J'ignorois de quel feu mon cœur devoit brûler,
Le demon me dictoit quand Dieu vouloit parler;
Mais, depuis que le soin d'un esprit angelique
Me conduit, me r'adresse, et m'apprend ma replique,
J'ay corrigé mon roole; et le demon confus,
M'en voyant mieux instruit, ne me suggere plus :
J'ay pleuré mes pechez, le Ciel a veu mes larmes,
Dedans cette action il a treuvé des charmes,
M'a départy sa grace, est mon approbateur,
Me propose des prix, et m'a fait son acteur.
LENTULE.
Quoy qu'il manque au sujet, jamais il ne hesite.
GENEST.
Dieu m'apprend sur le champ ce que je vous recite,
Et vous m'entendez mal, si dans cette action

Mon roole passe encor pour une fiction.
DIOCLETIAN.
Vostre desordre, enfin, force ma patience;
Songez-vous que ce jeu se passe en ma presence ?
Et puis-je rien comprendre au trouble où je vous voy ?
GENEST.
Excusez-les, Seigneur; la faute en est à moy,
Mais mon salut dépend de cet illustre crime;
Ce n'est plus Adrian, c'est Genest qui s'exprime;
Ce jeu n'est plus un jeu, mais une verité,
Où par mon action je suis representé,
Où moy-mesme l'objet et l'acteur de moy-mesme,
Purgé de mes forfaits par l'eau du sainct baptesme,
Qu'une celeste main m'a daigné conferer,
Je professe une loy que je dois declarer.
Escoutez donc, Cesars, et vous, trouppes romaines,
La gloire et la terreur des puissances humaines,
Mais foibles ennemis d'un pouvoir souverain
Qui foule aux pieds l'orgueil et le sceptre romain;
Aveuglé de l'erreur dont l'enfer vous infecte,
Comme vous, des chrestiens j'ay detesté la secte,
Et (si peu que mon art pouvoit executer)
Tout mon heur consistoit à les persecuter;
Pour les fuir et chez vous suivre l'idolatrie,
J'ay laissé mes parens, j'ay quitté ma patrie,
Et fait choix à dessein d'un art peu glorieux
Pour mieux les diffamer et les rendre odieux.
Mais, par une bonté qui n'a point de pareille,
Et par une incroyable et soudaine merveille
Dont le pouvoir d'un Dieu peut seul estre l'autheur,
Je deviens leur rival de leur persecuteur,
Et soûmets à la loy que j'ay tant reprouvée

Une ame heureusement de tant d'écueils sauvée,
Au milieu de l'orage où m'exposoit le sort,
Un ange par la main m'a conduit dans le port,
M'a fait sur un papier voir mes fautes passées,
Par l'eau qu'il me versoit, à l'instant effacées ;
Et cette salutaire et celeste liqueur,
Loin de me refroidir, m'a consommé le cœur.
Je renonce à la haine, et deteste l'envie
Qui m'a fait des chrestiens persecuter la vie ;
Leur creance est ma foy, leur espoir est le mien ;
C'est leur Dieu que j'adore, enfin je suis chrestien ;
Quelque effort qui s'oppose en l'ardeur qui m'enflâme,
Les interests du corps cedent à ceux de l'ame ;
Déployez vos rigueurs, brûlez, couppez, tranchez,
Mes maux seront encor moindres que mes pechez ;
Je sçay de quel repos cette peine est suivie,
Et ne crains point la mort qui conduit à la vie ;
J'ay souhaité long-temps d'agréer à vos yeux,
Aujourd'huy je veux plaire à l'empereur des cieux.
Je vous ay divertis, j'ay chanté vos loüanges,
Il est temps maintenant de réjoüir les anges ;
Il est temps de pretendre à des prix immortels,
Il est temps de passer du theatre aux autels ;
Si je l'ay merité, qu'on me mene au martyre.
Mon roole est achevé, je n'ay plus rien à dire.

DIOCLETIAN.

Ta feinte passe enfin pour importunité.

GENEST.

Elle vous doit passer pour une verité.

VALERIE.

Parle-t'il de bon sens ?

MAXIMIN.

    Croiray-je mes oreilles ?
GENEST.

Le bras qui m'a touché fait bien d'autres merveilles.
DIOCLETIAN.

Quoy ! tu renonces, traistre, au culte de nos dieux ?
GENEST.

Et les tiens aussi faux qu'ils me sont odieux.
Sept d'entr'eux ne sont plus que des lumieres sombres
Dont la foible clarté perce à peine les ombres
(Quoy qu'ils trompent encor vostre credulité),
Et des autres le nom à peine en est resté.

DIOCLETIAN, *se levant.*

O blaspheme execrable ! ô sacrilege impie,
Et dont nous répondrons, si son sang ne l'expie !
Prefect, prenez ce soin, et de cet insolent

    (*A Plancien.*)

Fermez les actions par un acte sanglant

              (*Tous se levent.*)

Qui des dieux irritez satisface la haine ;
Qui vescut au theatre expire dans la scene,
Et, si quelqu'autre, atteint du mesme aveuglement,
A part en son forfait, qu'il l'ait en son tourment.

    MARCELE, *à genoux.*

Si la pitié, Seigneur...

    DIOCLETIAN.

        La pieté, plus forte,
Reprimera l'audace où son erreur l'emporte.

    PLANCIEN.

Repassant cette erreur d'un esprit plus remis...

DIOCLETIAN.
Acquittez-vous du soin que je vous ay commis.
(*Diocletian sort avec toute la Cour.*)
CAMILLE.
Simple, ainsi de Cesar tu méprises la grace!
GENEST.
J'acquiers celle de Dieu.

SCENE VIII.

OCTAVE, LE DECORATEUR, MARCELE, PLANCIEN.

OCTAVE.
Quel mystere se passe?
MARCELE.
L'Empereur abandonne aux rigueurs de la loy
Genest, qui des chrestiens a professé la foy.
OCTAVE.
Nos prieres, peut-estre...
MARCELE.
Elles ont esté vaines!
PLANCIEN.
Gardes!
UN GARDE.
Seigneur?
PLANCIEN.
Menez Genest chargé de chaisnes
Dans le fond d'un cachot attendre son arrest.

GENEST.
(*On le décend du theatre.*)
Je t'en rends grace, ô Ciel ! Allons, me voila prest ;
Les anges quelque jour, des fers que tu m'ordonnes,
Dans ce palais d'azur me feront des couronnes.

SCENE IX.

PLANCIEN, MARCELE, OCTAVE, SERGESTE, LENTULE, ALBIN, Gardes, DECORATEUR, et autres assistans.

PLANCIEN, *assis.*
Son audace est coupable, autant que son erreur,
D'en ozer faire gloire aux yeux de l'Empereur ;
Et vous, qui sous mesme art courez mesme fortune,
Sa foy, comme son art, vous est-elle commune ?
Et comme un mal, souvent, devient contagieux...
MARCELE.
Le Ciel m'en garde, helas !
OCTAVE.
M'en preservent les dieux !
SERGESTE.
Que plûtost mille morts !
LENTULE.
Que plûtost mille flâmes !
PLANCIEN, *à Marcele.*
Que representiez vous ?

MARCELE.

     Vous l'avez veu, les femmes;
Si, selon le sujet, quelque déguisement
Ne m'obligeoit par fois au travestissement.

   PLANCIEN, *à Octave.*

Et vous?

    OCTAVE.

  Par fois les roys, et par fois les esclaves.

   PLANCIEN, *à Sergeste.*

Vous?

    SERGESTE.

  Les extravagans, les furieux, les braves.

   PLANCIEN, *à Lentule.*

Ce vieillard?

    LENTULE.

   Les docteurs, sans lettres ny sans loix,
Par fois les confidens, et les traistres par fois.

   PLANCIEN, *à Albin.*

Et toy?

    ALBIN, *garde.*

  Les assistans.

   PLANCIEN, *se levant.*

     Leur franchise ingenuë,
En leur naïveté, se produit assez nuë.
Je plains vostre malheur; mais l'interest des dieux
A tout respect humain nous doit fermer les yeux;
A des crimes, par fois, la grace est legitime,
Mais à ceux de ce genre elle seroit un crime;
Et, si Genest persiste en son aveuglement,
C'est luy qui veut sa mort et rend son jugement.

ACTE IV, SCENE IX.

Voyez-le toutefois, et, si ce bon office
Le peut rendre luy-mesme à luy-mesme propice,
Croyez qu'avec plaisir je verray refleurir
Les membres r'alliez d'un corps prest à perir.

ACTE V

SCENE PREMIERE.

GENEST, SEUL DANS LA PRISON, AVEC DES FERS.

Par quelle divine advanture,
Sensible et saincte volupté,
Essay de la gloire future,
Incroyable felicité ;
Par quelles bontez souveraines,
Pour confirmer nos saincts propos
Et nous conserver le repos
Sous le lourd fardeau de nos chaisnes,
Descends-tu des celestes plaines
Dedans l'horreur de nos cachots?

O fausse volupté du monde,
Vaine promesse d'un trompeur !
Ta bonace la plus profonde
N'est jamais sans quelque vapeur ;
Et mon Dieu, dans la peine mesme

Qu'il veut que l'on souffre pour luy,
Quand il daigne estre nostre appuy
Et qu'il reconnoist que l'on l'aime,
Influë une douceur extréme,
Sans meslange d'aucun ennuy.

Pour luy la mort est salutaire ;
Et, par cet acte de valeur,
On fait un bon-heur volontaire
D'un inévitable malheur ;
Nos jours n'ont pas une heure seure,
Châque instant use leur flambeau,
Châque pas nous meine au tombeau ;
Et l'art, imitant la nature,
Bâtit d'une mesme figure
Nostre biere et nostre berceau.

Mourons donc, la cause y convie ;
Il doit estre doux de mourir
Quand se dépoüiller de la vie
Est travailler pour l'acquerir ;
Puis que la celeste lumiere
Ne se treuve qu'en la quittant,
Et qu'on ne vainc qu'en combattant,
D'une vigueur masle et guerriere
Courons au bout de la carriere
Où la couronne nous attend.

SCENE II.

MARCELE, LE GEOLIER, GENEST.

Le Geolier, *à Marcele.*
Entrez.
(*Il s'en va.*)
Marcele.
Et bien, Genest, cette ardeur insensée
Te dure-t'elle encore, ou t'est-elle passée?
Si tu ne faits pour toy, si le jour ne t'est cher,
Si ton propre interest ne te sçauroit toucher,
Nous osons esperer que le nostre, possible,
En cette extremité te sera plus sensible;
Que, t'estant si cruel, tu nous seras plus doux,
Et qu'obstiné pour toy, tu fléchiras pour nous.
Si tu nous dois cherir, c'est en cette occurence,
Car, separez de toy, quelle est nostre esperance?
Par quel sort pouvons-nous survivre ton trépas?
Et que peut plus un corps dont le chef est à bas?
Ce n'est que de tes jours que dépend nostre vie,
Nous mourrons tous du coup qui te l'aura ravie;
Tu seras seul coupable, et nous tous, en effet,
Serons punis d'un mal que nous n'aurons point fait.
Genest.
Si d'un heureux advis vos esprits sont capables,
Partagez ce forfait, rendez-vous en coupables,
Et vous reconnoistrez s'il est un heur plus doux
Que la mort, qu'en effet je vous souhaitte à tous.

Vous mourriez pour un Dieu dont la bonté supréme,
Vous faisant en mourant détruire la mort méme,
Feroit l'eternité le prix de ce moment,
Que j'appelle une grace, et vous un châtiment.
Marcele.
O ridicule erreur, de vanter la puissance
D'un Dieu qui donne aux siens la mort pour recompense !
D'un imposteur, d'un fourbe et d'un crucifié !
Qui l'a mis dans le ciel ? qui l'a deifié ?
Un nombre d'ignorants et de gens inutiles ;
De mal-heureux la lie et l'opprobre des villes ;
De femmes et d'enfans dont la credulité
S'est forgée à plaisir une divinité ;
De gens qui, dépourveus des biens de la fortune,
Treuvant dans leur malheur la lumiere importune,
Sous le nom de chrestiens font gloire du trépas,
Et du mépris des biens qu'ils ne possedent pas ;
Perdent l'ambition, en perdant l'esperance,
Et souffrent tout du sort avec indifference !
De là naist le désordre épars en tant de lieux,
De là naist le mépris et des roys et des dieux,
Que Cesar, irrité, reprime avec justice,
Et qu'il ne peut punir d'un trop rude supplice.
Si je t'oze parler d'un esprit ingenu,
Et si le tien, Genest, ne m'est point inconnu,
D'un abus si grossier tes sens sont incapables ;
Tu te ris du vulgaire et luy laisses ses fables,
Et pour quelque sujet, mais qui nous est caché,
A ce culte nouveau tu te feints attaché ;
Peut-estre que tu plains ta jeunesse passée,
Par une ingratte cour si mal recompensée :
Si Cesar en effet estoit plus genereux,

Tu l'as assez suivy pour estre plus heureux ;
Mais dans toutes les cours cette plainte est commune,
Le merite bien tard y treuve la fortune ;
Les roys ont ce penser inique et rigoureux
Que, sans nous rien devoir, nous devons tout pour eux,
Et que nos vœux, nos soins, nos loisirs, nos personnes,
Sont de legers tributs qui suivent leurs couronnes.
Nostre mestier sur tout, quoy que tant admiré,
Est l'art où le merite est moins consideré.
Mais peut-on qu'en souffrant vaincre un mal sans remede?
Qui se sçait moderer, s'il veut, tout luy succede ;
Pour obtenir nos fins, n'aspirons point si haut,
A qui le desir manque aucun bien ne defaut ;
Si de quelque besoin ta vie est traversée,
Ne nous épargne point, ouvre-nous ta pensée ;
Parle, demande, ordonne, et tous nos biens sont tiens ;
Mais quel secours, helas ! attends-tu des chrestiens ?
Le rigoureux trépas dont Cesar te menace,
Et nostre inévitable et commune disgrace ?

GENEST.

Marcele, (avec regret) j'espere vainement
De répandre le jour sur vostre aveuglement,
Puis que vous me croyez l'ame assez ravalée
(Dans les biens infinis dont le Ciel l'a comblée)
Pour tendre à d'autres biens et pour s'embarrasser
D'un si peu raisonnable et si lâche penser.
Non, Marcele, nostre art n'est pas d'une importance
A m'en estre promis beaucoup de recompense ;
La faveur d'avoir eu des Cesars pour témoins
M'a trop acquis de gloire et trop payé mes soins ;
Nos vœux, nos passions, nos veilles et nos peines,
Et tout le sang enfin qui coule de nos veines,

Sont pour eux des tributs de devoir et d'amour
Où le Ciel nous oblige, en nous donnant le jour;
Comme aussi j'ay toûjours, depuis que je respire,
Fait des vœux pour leur gloire et pour l'heur de l'Empire;
Mais où je voy s'agir de l'interest d'un Dieu,
Bien plus grand dans le ciel qu'ils ne sont en ce lieu;
De tous les empereurs l'Empereur et le maistre,
Qui seul me peut sauver, comme il m'a donné l'estre;
Je soûmets justement leur trône à ses autels,
Et contre son honneur ne dois rien aux mortels.
Si mépriser leurs dieux est leur estre rebelle,
Croyez qu'avec raison je leur suis infidelle,
Et que, loin d'excuser cette infidelité,
C'est un crime innocent dont je fais vanité.
Vous verrez si ces dieux de metal et de pierre
Seront puissans au ciel comme on les croit en terre,
Et s'ils vous sauveront de la juste fureur
D'un Dieu dont la creance y passe pour erreur.
Et lors ces malheureux, ces opprobres des villes,
Ces femmes, ces enfans et ces gens inutiles,
Les sectateurs enfin de ce crucifié,
Vous diront si sans cause ils l'ont deïfié.
Ta grace peut, Seigneur, détourner ce presage!
Mais, helas! tous l'ayant, tous n'en ont pas l'usage;
De tant de conviez, bien peu suivent tes pas,
Et, pour estre appellez, tous ne répondent pas.

MARCELE.

Cruel, puis qu'à ce poinct cette erreur te possede,
Que ton aveuglement est un mal sans remede,
Trompant au moins Cesar, appaise son courroux,
Et, si ce n'est pour toy, conserve-toy pour nous;
Sur la foy de ton Dieu fondant ton esperance,

A celle de nos dieux donne au moins l'apparence,
Et, sinon sous un cœur, sous un front plus soûmis,
Obtien pour nous ta grace, et vy pour tes amis.
Genest.
Nostre foy n'admet point cet acte de foiblesse ;
Je la dois publier, puisque je la professe ;
Puis-je desavoüer le maistre que je suy ?
Aussi bien que nos cœurs, nos bouches sont à luy.
Les plus cruels tourmens n'ont point de violence
Qui puisse m'obliger à ce honteux silence.
Pourrois-je encore, helas ! aprés la liberté
Dont cette ingratte voix l'a tant persecuté,
Et dont j'ay fait un Dieu le joüet d'un theatre,
Aux oreilles d'un prince et d'un peuple idolâtre,
D'un silence coupable, aussi bien que la voix,
Devant ses ennemis méconnoistre ses lois ?
Marcele.
Cesar n'obtenant rien, ta mort sera cruelle.
Genest.
Mes tourmens seront courts, et ma gloire eternelle
Marcèle.
Quand la flâme et le fer paroistront à tes yeux...
Genest.
M'ouvrant la sepulture, ils m'ouvriront les cieux.
Marcele.
O dur courage d'homme !
Genest.
    O foible cœur de femme !
Marcele.
Cruel, sauve tes jours !
Genest.
   Lâche, sauve ton ame !

MARCELE.

Une erreur, un caprice, une legereté,
Au plus beau de tes ans, te couster la clarté !

GENEST.

J'auray bien peu vescu, si l'âge se mesure
Au seul nombre des ans prescrit par la nature ;
Mais l'ame qu'au martyre un tyran nous ravit
Au sejour de la gloire à jamais se survit.
Se plaindre de mourir, c'est se plaindre d'estre homme,
Châque jour le détruit, châque instant le consomme,
Au moment qu'il arrive, il part pour le retour,
Et commence de perdre en recevant le jour.

MARCELE.

Ainsi rien ne te touche, et tu nous abandonnes.

GENEST.

Ainsi je quitterois un trône et des couronnes ;
Toute perte est legere à qui s'acquiert un Dieu.

SCENE III.

LE GEOLIER, MARCELE, GENEST.

LE GEOLIER.

Le prefect vous demande.

MARCELE.

Adieu, cruel !

GENEST.

Adieu !

SCENE IV.

LE GEOLIER, GENEST.

Le Geolier.
Si bien-tost à nos dieux vous ne rendez hommage,
Vous vous acquittez mal de vostre personnage,
Et je crains en cet acte un tragique succez.
Genest.
Un favorable juge assiste à mon procez;
Sur ses soins eternels mon esprit se repose,
Je m'asseure sur luy du succez de ma cause;
De mes chaisnes par luy je seray déchargé,
Et par luy-mesme un jour Cesar sera jugé.
(Il s'en va avec le geolier.)

SCENE V.

DIOCLETIAN, MAXIMIN, Suite de Gardes.

Diocletian.
Puisse par cet hymen vostre couche feconde
Jusques aus derniers temps donner des rois au monde,
Et, par leurs actions, ces surgeons glorieux
Meriter, comme vous, un rang entre les dieux!

En ce commun bonheur, l'allegresse commune
Marque vostre vertu plus que vostre fortune,
Et fait voir qu'en l'honneur que je vous ay rendu
Je vous ay moins payé qu'il ne vous estoit deu.
Les dieux, premiers autheurs des fortunes des hommes,
Qui dedans nos Estats nous font ce que nous sommes,
Et dont le plus grand roy n'est qu'un simple sujet,
Y doivent estre aussi nostre premier objet;
Et sçachant qu'en effet ils nous ont mis sur terre
Pour conserver leurs droicts, pour regir leur tonnerre,
Et pour laisser enfin leur vengeance en nos mains,
Nous devons sous leurs loix contenir les humains;
Et nostre authorité, qu'ils veulent qu'on revere,
A maintenir la leur n'est jamais trop severe.
J'esperois cet effet, et que, dans ce trépas,
Du reste des chrestiens r'adresseroient les pas;
Mais j'ay beau leur offrir de sanglantes hosties,
Et laver leurs autels du sang de ces impies,
En vain j'en ay voulu purger ces regions,
J'en voy du sang d'un seul naistre des legions;
Mon soin nuit plus aux dieux qu'il ne leur est utile,
Un ennemy défait leur en reproduit mille,
Et le caprice est tel, de ces extravagans,
Que la mort les anime et les rend arrogans.
Genest, dont cette secte aussi folle que vaine
A si long-temps esté la risée et la haine,
Embrasse enfin leur loy contre celle des dieux,
Et l'oze insolemment professer à nos yeux;
Outre l'impieté, ce mépris manifeste
Mesle nostre interest à l'interest celeste;
En ce double attentat, que sa mort doit purger,
Nous avons et les dieux et nous mesme à venger.

Maximin.

Je croy que le prefect, commis à cet office,
S'attend aussi d'en faire un public sacrifice,
D'executer vostre ordre, et de cet insolent
Donner ce soir au peuple un spectacle sanglant,
Si déja, sur le bois d'un theatre funeste,
Il n'a representé l'action qui luy reste.

SCENE VI.

**VALERIE, CAMILLE, MARCELE, comedien;
OCTAVE, comedien; SERGESTE, comedien;
LENTULE, comedien; ALBIN, DIOCLETIAN,
MAXIMIN, Suitte de Gardes.**

(*Tous les comediens se mettent à genoux.*)

Valerie, à Diocletian.

Si, quand pour moy le Ciel épuise ses bien-faits,
Quand son œil provident rit à tous nos souhaits,
J'oze encore esperer que, dans cette allegresse,
Vous souffriez à mon sexe un acte de foiblesse,
Permettez-moy, Seigneur, de rendre à vos genoux
Ces gens qu'en Genest seul vous sacrifiez tous;

(*L'Empereur les fait lever.*)

Tous ont aversion pour la loy qu'il embrasse,
Tous sçavent que son crime est indigne de grace;
Mais il est à leur vie un si puissant secours
Qu'ils la perdront du coup qui tranchera ses jours;
M'exauçant, de leur chef vous détournez vos armes;

Je n'ay pû dénier cet office à leurs larmes,
Où je n'oze insister, si ma temerité
Demande une injustice à Vostre Majesté.
DIOCLETIAN.
Je sçay que la pitié plûtost que l'injustice
Vous a fait embrasser ce pitoyable office,
Et, dans tout cœur bien né, tiens la compassion
Pour les ennemis mesme une juste action ;
Mais où l'irreverence et l'orgueil manifeste
Joint l'interest d'Estat à l'interest celeste,
Le plaindre est (au mépris de nostre authorité)
Exercer la pitié contre la pieté.
C'est d'un bras qui l'irrite arrester la tempeste
Que son propre dessein attire sur sa teste,
Et d'un soin importun arracher de sa main
Le couteau dont luy-mesme il se perce le sein.
MARCELE.
Ha ! Seigneur, il est vray ; mais de cette tempeste
Le coup frappe sur nous, s'il tombe sur sa teste ;
Et le couteau fatal, que l'on laisse en sa main,
Nous assassine tous en luy perçant le sein.
OCTAVE.
Si la grace, Seigneur, n'est deuë à son offence,
Quelque compassion l'est à nostre innocence.
FLAVIE.
Le fer qui de ses ans doit terminer le cours
Retranche vos plaisirs en retranchant ses jours.
Je connois son merite, et plains vostre infortune ;
Mais, outre que l'injure, avec les dieux commune,
Interesse l'Estat à punir son erreur,
J'ay pour toute sa secte une si forte horreur

Que je tiens tous les maux qu'ont souffert ses complices,
Ou qu'ils doivent souffrir, pour de trop doux supplices ;
En faveur toutesfois de l'hymen fortuné
Par qui tant de bon heur à Rome est destiné ;
Si par son repentir, favorable à soy-mesme,
De sa voix sacrilege il purge le blaspheme,
Et reconnoist les dieux autheurs de l'univers,
Les bras de ma pitié vous sont encore ouverts.
Mais voicy le prefect, je crains que son supplice
N'ait prevenu l'effet de vostre bon office.

SCENE VII.

PLANCIEN, DIOCLETIAN, MAXIMIN, VALERIE, CAMILLE, MARCELE, OCTAVE, Etc.

PLANCIEN.

Par vostre ordre, Seigneur, ce glorieux acteur,
Des plus fameux heros fameux imitateur,
Du theatre romain la splendeur et la gloire,
Mais si mauvais acteur dedans sa propre histoire,
Plus entier que jamais en son impieté,
Et par tous mes efforts en vain sollicité,
A du courroux des dieux, contre sa perfidie,
Par un acte sanglant fermé la tragedie.

MARCELE, *pleurant.*
Que nous acheverons par la fin de nos jours.

ACTE V, SCENE VII.

OCTAVE.

O fatale nouvelle !

SERGESTE.

O funeste discours !

PLANCIEN.

J'ay joint à la douceur, aux offres, aux prieres,
A si peu que les dieux m'ont donné de lumieres,
(Voyant que je tentois d'inutiles efforts)
Tout l'art dont la rigueur peut tourmenter les corps;
Mais ny les chevalets, ny les lames flambantes,
Ny les ongles de fer, ny les torches ardentes,
N'ont, contre ce rocher, esté qu'un doux zephir,
Et n'ont pû de son sein arracher un soûpir;
Sa force, en ce tourment, a paru plus qu'humaine,
Nous souffrions plus que luy par l'horreur de sa peine;
Et, nos cœurs detestant ses sentimens chrestiens,
Nos yeux ont malgré nous fait l'office des siens;
Voyant la force enfin, comme l'adresse, vaine,
J'ay mis la tragedie à sa derniere scene,
Et fait, avec sa teste, ensemble separer
Le cher nom de son Dieu qu'il vouloit proferer.

DIOCLETIAN, *s'en allant.*

Ainsi reçoive un prompt et severe supplice
Quiconque oze des dieux irriter la justice.

(*Ils s'en vont tous pleurans.*)

VALERIE, *à Marcele.*

Vous voyez de quel soin je vous prestois les mains;
Mais sa grace n'est plus au pouvoir des humains.

Maximin, *emmenant Valerie.*

Ne plaignez point, Madame, un malheur volontaire,
Puis qu'il l'a pû franchir et s'estre salutaire,
Et qu'il a bien voulu, par son impieté,
D'une feinte, en mourant, faire une verité.

TABLE
DU TOME PREMIER

Rotrou, esquisse biographique et critique, par L. de Ronchaud 1

Hercule mourant, tragedie 1

Antigone, tragedie. 77

Le Veritable Saint Genest, tragedie. 165

Imprimé par D. JOUAUST

POUR LA COLLECTION

DES PETITS CLASSIQUES

M DCCC LXXXII

www.ingramcontent.com/pod-product-compliance
Lightning Source LLC
Chambersburg PA
CBHW060633170426
43199CB00012B/1535